治安管理处罚法学习百问百答

中国法治出版社

目 录

第一章 总 则

1. 如何加强社会治安综合治理? ………… 1
2. 哪些违反治安管理行为适用《治安管理处罚法》? ………… 1
3. 治安管理处罚以及办理治安案件的原则是什么? ………… 2
4. 违反治安管理的行为除了要承担行政责任,还要承担什么法律责任? ………… 3
5. 治安案件如何调解处理? ………… 3
6. 调解达成协议的,是否不再对违反治安管理行为予以处罚? ………… 4
7. 哪些违反治安管理行为可以调解处理? …… 5

8. 什么情形下，不适用调解处理? …… 6

9. 如何制作调解协议书? …… 7

第二章　处罚的种类和适用

10. 治安管理处罚的种类包括哪些? …… 8

11. 办理治安案件所查获的违禁品、工具、违法所得财物等如何处理? …… 8

12. 哪些人违反治安管理，可以从轻、减轻或者不予处罚? …… 9

13. 醉酒的人违反治安管理，应当给予处罚吗? 可以对其采取什么措施? …… 10

14. 对于制止不法侵害的防卫性措施，可以减轻或者不予处罚吗? …… 10

15. 违反治安管理有哪些情形，从轻、减轻或者不予处罚? …… 11

16. 什么情况下可以对违反治安管理行为人从宽处理? …… 12

17. 违反治安管理有哪些情形的，从重处罚? …… 12

18. 违反治安管理行为人有哪些情形的，不执行行政拘留处罚？有什么例外情形？ … 13
19. 对依法不予处罚或者不执行行政拘留处罚的未成年人，应当采取什么措施？ … 14
20. 公安机关接到举报或者发现未成年人有严重不良行为的，应当如何处理？ … 14
21. 对有严重不良行为的未成年人，公安机关可以采取哪些矫治教育措施？ … 15
22. 什么情形下，可以将有严重不良行为的未成年人送入专门学校接受专门教育？ … 16
23. 对违反治安管理行为处罚的时效是多久？ … 17

第三章 违反治安管理的行为和处罚

24. 扰乱单位、公共场所、公共交通和选举秩序的，应当如何处罚？ … 18
25. 在国家考试中，扰乱考试秩序的，应当如何处罚？ … 19

26. 扰乱体育、文化等大型群众性活动秩序的，应当如何处罚？ ………………… 20

27. 散布谣言、谎报险情、投放虚假危险物质、扬言实施危害公共安全犯罪行为，扰乱公共秩序的，应当如何处罚？ … 21

28. 无故侵扰他人、扰乱社会秩序的，应当如何处罚？ ………………………… 22

29. 制作、传播宣扬邪教、会道门内容的物品、信息、资料的，应当如何处罚？ … 22

30. 干扰无线电业务及无线电台（站）、未经批准设置无线电台（站）的，应当如何处罚？ ……………………………… 23

31. 侵入、非法控制计算机信息系统的，应当如何处罚？ ………………………… 23

32. 组织、领导传销活动，胁迫、诱骗他人参加传销活动的，应当如何处罚？ …… 25

33. 扰乱国家重要活动秩序，从事有损英雄烈士保护等行为的，应当如何处罚？ … 25

34. 违反危险物质管理的，应当如何处罚？ … 27

目 录

35. 危险物质被盗、被抢、丢失，未按规定报告的，应当如何处罚? ………… 27
36. 非法携带管制器具的，应当如何处罚? … 27
37. 盗窃、损毁公共设施，移动、损毁边境标志设施等的，应当如何处罚? ……… 28
38. 干扰公共交通工具正常行驶的，应当如何处罚? ………………………………… 29
39. 妨害铁路、城市轨道交通运行安全的，应当如何处罚? ……………………… 29
40. 影响铁路、城市轨道交通行车安全的，应当如何处罚? ……………………… 30
41. 违规升放携带明火的升空物体的，应当如何处罚? ……………………………… 31
42. 高空抛物的，应当如何处罚? ………… 31
43. 举办大型群众性活动，违反规定，有发生安全事故危险而不改正的，应当如何处罚? ……………………………………… 32
44. 公共场所违反安全规定，有发生安全事故危险而不改正的，应当如何处罚? …… 32

45. 违规飞行民用无人驾驶航空器、航空运动器材,升放升空物体的,应当如何处罚? ………… 33

46. 组织、胁迫、诱骗进行恐怖、残忍表演,强迫劳动,非法限制人身自由、侵入住宅、搜查的,应当如何处罚? …… 34

47. 组织、胁迫未成年人从事有偿陪侍活动的,应当如何处罚? ………………… 34

48. 胁迫、诱骗、利用他人乞讨,以滋扰他人的方式乞讨的,应当如何处罚? …… 35

49. 威胁他人人身安全、侮辱、诽谤、诬告陷害、威胁证人、干扰他人正常生活、侵犯他人隐私的,应当如何处罚? ……… 35

50. 殴打或故意伤害他人身体的,应当如何处罚? ………………………………… 37

51. 猥亵他人、在公共场所故意裸露身体隐私部位的,应当如何处罚? ………… 37

52. 负有监护、看护职责的人虐待被监护、看护的人的,应当如何处罚? ………… 38

目 录

53. 强迫交易的,应当如何处罚? ………… 38
54. 煽动民族仇恨、民族歧视,刊载民族歧视、侮辱内容的,应当如何处罚? …… 39
55. 违规向他人出售或者提供个人信息、非法获取个人信息的,应当如何处罚? …… 39
56. 冒领、隐匿、毁弃、倒卖、私自开拆或者非法检查他人邮件、快件的,应当如何处罚? ………………………………… 40
57. 盗窃、诈骗、哄抢、抢夺或者敲诈勒索的,应当如何处罚? ………………… 40
58. 通过夹带、掉包、造假等方式骗取经营者的赔偿或者对经营者进行敲诈勒索的,应当如何处罚? ………………… 41
59. 故意损毁公私财物的,应当如何处罚? … 41
60. 以殴打、侮辱、恐吓等方式实施学生欺凌,违反治安管理的,应当给予处罚吗?可以采取什么措施? ………… 42
61. 学校不按规定报告或者处置严重的学生欺凌或者侵害未成年学生的犯罪的,如何处理? ……………………………… 42

7

62. 拒不执行紧急状态决定、命令，阻碍执行职务的，应当如何处罚？ …… 43

63. 招摇撞骗的，应当如何处罚？ …… 44

64. 出租、出借公文、证件、证明文件、印章供他人非法使用的，应当如何处罚？ … 44

65. 船舶擅自进入、停靠禁止、限制进入的水域或者岛屿的，应当如何处罚？ …… 45

66. 违规以社会组织名义进行活动、非法经营的，应当如何处罚？ ………… 45

67. 煽动、策划非法集会、游行、示威的，应当如何处罚？ ……………………… 46

68. 从事旅馆业经营活动违反规定的，应当如何处罚？ ………………………… 47

69. 违法出租房屋的，应当如何处罚？ …… 48

70. 娱乐场所和公章刻制、机动车修理、报废机动车回收行业经营者不依法登记信息的，应当如何处罚？ …………… 49

71. 非法安装、使用、提供窃听、窃照专用器材的，应当如何处罚？ …………… 49

72. 违法典当、收购国家禁止收购物品的，应当如何处罚? ………………………… 50

73. 妨害执法办案秩序的，应当如何处罚? … 51

74. 违反禁止令、职业禁止决定、禁止告诫书、禁止接触保护措施的，应当如何处罚? ……………………………………… 52

75. 依法被关押的违法行为人脱逃的，应当如何处罚? ………………………………… 53

76. 妨害文物管理的，应当如何处罚? ……… 53

77. 偷开他人机动车，无证驾驶或者偷开他人航空器、机动船舶的，应当如何处罚? ……………………………………… 54

78. 破坏他人坟墓、尸体、骨灰，违规停放尸体的，应当如何处罚? ……………… 54

79. 卖淫、嫖娼、拉客招嫖的，应当如何处罚? ……………………………………… 55

80. 引诱、容留、介绍他人卖淫的，应当如何处罚? ………………………………… 55

81. 制作、运输、复制、出售、出租淫秽物品,传播淫秽信息的,应当如何处罚? ……………………………………… 56
82. 组织、参与淫秽活动的,应当如何处罚? ……………………………………… 56
83. 赌博的,应当如何处罚? ……………… 57
84. 非法种植、买卖、运输、携带、持有少量毒品原植物及其种子、幼苗或罂粟壳的,应当如何处罚? ………………… 57
85. 非法持有少量毒品,向他人提供毒品,吸食、注射毒品,胁迫、欺骗医务人员开具麻醉药品、精神药品的,应当如何处罚? ……………………………………… 58
86. 容留他人吸食、注射毒品或者介绍买卖毒品的,应当如何处罚? ……………… 59
87. 非法生产、经营、购买、运输制毒原料、配剂的,应当如何处罚? …………… 60
88. 服务行业人员为违法犯罪行为人通风报信或提供条件的,应当如何处罚? …… 60

89. 违法产生社会生活噪声，干扰他人的，应当如何处罚？ …………………………… 61
90. 违法饲养动物的，应当如何处罚？ ……… 61

第四章 处罚程序

91. 公安机关对报案、控告、举报、主动投案，以及其他国家机关移送的违反治安管理案件，应当如何处理？ ………… 63
92. 公安机关办理治安案件，如何收集、调取证据？ …………………………………… 63
93. 除了公安机关在办理治安案件中依法收集的证据，还有哪些证据材料可以作为治安案件的证据使用？ ……………… 64
94. 公安机关办理治安案件时，如何履行保密义务？ …………………………………… 65
95. 如何传唤违反治安管理行为人？ ………… 65
96. 传唤后询问查证有什么程序要求？ ……… 66
97. 制作询问笔录有什么程序要求？ ………… 67

98. 询问不满十八周岁的违反治安管理行为人，有什么程序要求？ ····· 67

99. 询问被侵害人或者其他证人，有什么程序要求？ ····· 68

100. 违反治安管理行为人、被侵害人或者其他证人在异地的，如何询问？ ····· 69

101. 什么情形下，可以进行人身检查，提取或者采集生物信息、样本？ ····· 69

102. 对与违反治安管理行为有关的场所、物品、人身进行检查，有什么程序要求？ ····· 70

103. 制作检查笔录有什么程序要求？ ····· 71

104. 什么情形下，可以扣押物品？ ····· 71

105. 什么情形下，可以进行辨认？ ····· 73

106. 什么情形下，可以由一名人民警察进行询问、扣押、辨认、调解？ ····· 73

107. 治安管理处罚决定由什么主体作出？ ··· 74

108. 没有本人陈述或只有本人陈述的，公安机关可以作出治安管理处罚决定吗？ ····· 74

109. 公安机关作出治安管理处罚决定前，如何履行告知义务？如何听取违反治安管理行为人的意见？ ……… 75

110. 治安案件调查结束后，公安机关如何根据不同情况，分别作出处理？ ……… 76

111. 什么情形下，在公安机关作出治安管理处罚决定之前，应当进行法制审核？ …… 77

112. 如何制作治安管理处罚决定书？ ……… 78

113. 什么情形下，违反治安管理行为人有权要求举行听证？ ……………………… 79

114. 公安机关办理治安案件的期限是多久？ ………………………………………… 80

115. 什么情形下，可以当场作出治安管理处罚决定？ ………………………………… 80

116. 当场作出治安管理处罚决定有什么程序要求？ …………………………………… 81

117. 被处罚人、被侵害人对哪些决定、措施不服的，可以依法申请行政复议或者提起行政诉讼？ ………………… 82

13

118. 什么情形下,人民警察可以当场收缴罚款? ······ 82

119. 什么情形下,被处罚人可以向公安机关申请暂缓执行行政拘留? ······ 83

第五章 执法监督

120. 公安机关作出治安管理处罚决定,发现被处罚人是公职人员的,应当如何处理? ······ 85

121. 违反治安管理的记录应当如何处理? ··· 85

122. 公安机关及其人民警察办理治安案件,有哪些行为,应当依法给予处分? ······ 86

附 录

中华人民共和国治安管理处罚法 ······ 89
   (2025 年 6 月 27 日)

第一章 总　　则

1. 如何加强社会治安综合治理？

《治安管理处罚法》① 第二条规定，治安管理工作坚持中国共产党的领导，坚持综合治理。

各级人民政府应当加强社会治安综合治理，采取有效措施，预防和化解社会矛盾纠纷，增进社会和谐，维护社会稳定。

2. 哪些违反治安管理行为适用《治安管理处罚法》？

《治安管理处罚法》第五条规定，在中华

---

① 为便于阅读，本书中问答部分相关法律法规文件标题中的"中华人民共和国"字样均予以省略。

人民共和国领域内发生的违反治安管理行为，除法律有特别规定的外，适用该法。

在中华人民共和国船舶和航空器内发生的违反治安管理行为，除法律有特别规定的外，适用该法。

在外国船舶和航空器内发生的违反治安管理行为，依照中华人民共和国缔结或者参加的国际条约，中华人民共和国行使管辖权的，适用该法。

3. 治安管理处罚以及办理治安案件的原则是什么？

《治安管理处罚法》第六条规定，治安管理处罚必须以事实为依据，与违反治安管理的事实、性质、情节以及社会危害程度相当。

实施治安管理处罚，应当公开、公正，尊重和保障人权，保护公民的人格尊严。

办理治安案件应当坚持教育与处罚相结合的原则，充分释法说理，教育公民、法人或者其他组织自觉守法。

4. 违反治安管理的行为除了要承担行政责任,还要承担什么法律责任?

《治安管理处罚法》第三条规定,扰乱公共秩序,妨害公共安全,侵犯人身权利、财产权利,妨害社会管理,具有社会危害性,依照《刑法》的规定构成犯罪的,依法追究刑事责任;尚不够刑事处罚的,由公安机关依照《治安管理处罚法》给予治安管理处罚。

《治安管理处罚法》第八条规定,违反治安管理行为对他人造成损害的,除依照该法给予治安管理处罚外,行为人或者其监护人还应当依法承担民事责任。违反治安管理行为构成犯罪,应当依法追究刑事责任的,不得以治安管理处罚代替刑事处罚。

5. 治安案件如何调解处理?

《治安管理处罚法》第九条第一款、第二

款、第四款规定，对于因民间纠纷引起的打架斗殴或者损毁他人财物等违反治安管理行为，情节较轻的，公安机关可以调解处理。

调解处理治安案件，应当查明事实，并遵循合法、公正、自愿、及时的原则，注重教育和疏导，促进化解矛盾纠纷。

对属于该条第一款规定的调解范围的治安案件，公安机关作出处理决定前，当事人自行和解或者经人民调解委员会调解达成协议并履行，书面申请经公安机关认可的，不予处罚。

6. 调解达成协议的，是否不再对违反治安管理行为予以处罚？

《治安管理处罚法》第九条第三款规定，经公安机关调解，当事人达成协议的，不予处罚。经调解未达成协议或者达成协议后不履行的，公安机关应当依照该法的规定对违反治安管理行为作出处理，并告知当事人可以就民事争议依法向人民法院提起民事诉讼。

根据《公安机关办理行政案件程序规定》第一百八十五条第一款规定，对调解未达成协议或者达成协议后不履行的，应当对违反治安管理行为人依法予以处罚；对违法行为造成的损害赔偿纠纷，公安机关可以进行调解，调解不成的，应当告知当事人向人民法院提起民事诉讼。

7. 哪些违反治安管理行为可以调解处理？

《公安机关办理行政案件程序规定》第一百七十八条规定，对于因民间纠纷引起的殴打他人、故意伤害、侮辱、诽谤、诬告陷害、故意损毁财物、干扰他人正常生活、侵犯隐私、非法侵入住宅等违反治安管理行为，情节较轻，且具有下列情形之一的，可以调解处理：

（1）亲友、邻里、同事、在校学生之间因琐事发生纠纷引起的；

（2）行为人的侵害行为系由被侵害人事前的过错行为引起的；

（3）其他适用调解处理更易化解矛盾的。

对不构成违反治安管理行为的民间纠纷，应当告知当事人向人民法院或者人民调解组织申请处理。

对情节轻微、事实清楚、因果关系明确，不涉及医疗费用、物品损失或者双方当事人对医疗费用和物品损失的赔付无争议，符合治安调解条件，双方当事人同意当场调解并当场履行的治安案件，可以当场调解，并制作调解协议书。当事人基本情况、主要违法事实和协议内容在现场录音录像中明确记录的，不再制作调解协议书。

8. 什么情形下，不适用调解处理？

《公安机关办理行政案件程序规定》第一百七十九条规定，具有下列情形之一的，不适用调解处理：

（1）雇凶伤害他人的；

（2）结伙斗殴或者其他寻衅滋事的；

（3）多次实施违反治安管理行为的；

（4）当事人明确表示不愿意调解处理的；

（5）当事人在治安调解过程中又针对对方实施违反治安管理行为的；

（6）调解过程中，违法嫌疑人逃跑的；

（7）其他不宜调解处理的。

9. 如何制作调解协议书？

《公安机关办理行政案件程序规定》第一百八十四条规定，调解达成协议的，在公安机关主持下制作调解协议书，双方当事人应当在调解协议书上签名，并履行调解协议。

调解协议书应当包括调解机关名称、主持人、双方当事人和其他在场人员的基本情况，案件发生时间、地点、人员、起因、经过、情节、结果等情况、协议内容、履行期限和方式等内容。

对调解达成协议的，应当保存案件证据材料，与其他文书材料和调解协议书一并归入案卷。

第二章　处罚的种类和适用

10. 治安管理处罚的种类包括哪些？

《治安管理处罚法》第十条规定，治安管理处罚的种类分为：(1) 警告；(2) 罚款；(3) 行政拘留；(4) 吊销公安机关发放的许可证件。

对违反治安管理的外国人，可以附加适用限期出境或者驱逐出境。

11. 办理治安案件所查获的违禁品、工具、违法所得财物等如何处理？

《治安管理处罚法》第十一条规定，办理治安案件所查获的毒品、淫秽物品等违禁品，赌具、赌资、吸食、注射毒品的用具以及直接用于实施违反治安管理行为的本人所有的工具，应当收缴，按照规定处理。

违反治安管理所得的财物，追缴退还被侵害人；没有被侵害人的，登记造册，公开拍卖或者按照国家有关规定处理，所得款项上缴国库。

12. 哪些人违反治安管理，可以从轻、减轻或者不予处罚？

《治安管理处罚法》第十二条规定，已满十四周岁不满十八周岁的人违反治安管理的，从轻或者减轻处罚；不满十四周岁的人违反治安管理的，不予处罚，但是应当责令其监护人严加管教。

第十三条规定，精神病人、智力残疾人在不能辨认或者不能控制自己行为的时候违反治安管理的，不予处罚，但是应当责令其监护人加强看护管理和治疗。间歇性的精神病人在精神正常的时候违反治安管理的，应当给予处罚。尚未完全丧失辨认或者控制自己行为能力的精神病人、智力残疾人违反治安管理的，应当给予处罚，但是可以从轻或者减轻处罚。

第十四条规定，盲人或者又聋又哑的人违反治安管理的，可以从轻、减轻或者不予处罚。

13. 醉酒的人违反治安管理，应当给予处罚吗？可以对其采取什么措施？

《治安管理处罚法》第十五条规定，醉酒的人违反治安管理的，应当给予处罚。

醉酒的人在醉酒状态中，对本人有危险或者对他人的人身、财产或者公共安全有威胁的，应当对其采取保护性措施约束至酒醒。

14. 对于制止不法侵害的防卫性措施，可以减轻或者不予处罚吗？

《治安管理处罚法》第十九条规定，为了免受正在进行的不法侵害而采取的制止行为，造成损害的，不属于违反治安管理行为，不受处罚；制止行为明显超过必要限度，造成较大损害的，依法给予处罚，但是应当减轻处罚；情节较轻的，不予处罚。

《公安机关执行〈中华人民共和国治安管理处罚法〉有关问题的解释（二）》第一条"关于制止违反治安管理行为的法律责任问题"规定，为了免受正在进行的违反治安管理行为的侵害而采取的制止违法侵害行为，不属于违反治安管理行为。但对事先挑拨、故意挑逗他人对自己进行侵害，然后以制止违法侵害为名对他人加以侵害的行为，以及互相斗殴的行为，应当予以治安管理处罚。

15. 违反治安管理有哪些情形的，从轻、减轻或者不予处罚？

《治安管理处罚法》第二十条规定，违反治安管理有下列情形之一的，从轻、减轻或者不予处罚：

（1）情节轻微的；

（2）主动消除或者减轻违法后果的；

（3）取得被侵害人谅解的；

（4）出于他人胁迫或者诱骗的；

（5）主动投案，向公安机关如实陈述自己的违法行为的；

（6）有立功表现的。

16. 什么情况下可以对违反治安管理行为人从宽处理？

《治安管理处罚法》第二十一条规定，违反治安管理行为人自愿向公安机关如实陈述自己的违法行为，承认违法事实，愿意接受处罚的，可以依法从宽处理。

17. 违反治安管理有哪些情形的，从重处罚？

《治安管理处罚法》第二十二条规定，违反治安管理有下列情形之一的，从重处罚：

（1）有较严重后果的；

（2）教唆、胁迫、诱骗他人违反治安管理的；

（3）对报案人、控告人、举报人、证人打击报复的；

（4）一年以内曾受过治安管理处罚的。

18. 违反治安管理行为人有哪些情形的，不执行行政拘留处罚？有什么例外情形？

《治安管理处罚法》第二十三条规定，违反治安管理行为人有下列情形之一，依照该法应当给予行政拘留处罚的，不执行行政拘留处罚：

（1）已满十四周岁不满十六周岁的；

（2）已满十六周岁不满十八周岁，初次违反治安管理的；

（3）七十周岁以上的；

（4）怀孕或者哺乳自己不满一周岁婴儿的。

前述第一项、第二项、第三项规定的行为

人违反治安管理情节严重、影响恶劣的，或者第一项、第三项规定的行为人在一年以内二次以上违反治安管理的，不受前述规定的限制。

19. 对依法不予处罚或者不执行行政拘留处罚的未成年人，应当采取什么措施？

《治安管理处罚法》第二十四条规定，对依照该法第十二条规定不予处罚或者依照该法第二十三条规定不执行行政拘留处罚的未成年人，公安机关依照《预防未成年人犯罪法》的规定采取相应矫治教育等措施。

20. 公安机关接到举报或者发现未成年人有严重不良行为的，应当如何处理？

《预防未成年人犯罪法》第四十条规定，公安机关接到举报或者发现未成年人有严重不良行为的，应当及时制止，依法调查处理，并可以责令其父母或者其他监护人消除或者减轻违法后果，采取措施严加管教。

21. 对有严重不良行为的未成年人，公安机关可以采取哪些矫治教育措施？

《预防未成年人犯罪法》第四十一条规定，对有严重不良行为的未成年人，公安机关可以根据具体情况，采取以下矫治教育措施：

(1) 予以训诫；

(2) 责令赔礼道歉、赔偿损失；

(3) 责令具结悔过；

(4) 责令定期报告活动情况；

(5) 责令遵守特定的行为规范，不得实施特定行为、接触特定人员或者进入特定场所；

(6) 责令接受心理辅导、行为矫治；

(7) 责令参加社会服务活动；

(8) 责令接受社会观护，由社会组织、有关机构在适当场所对未成年人进行教育、监督和管束；

(9) 其他适当的矫治教育措施。

第四十二条规定，公安机关在对未成年人

进行矫治教育时,可以根据需要邀请学校、居民委员会、村民委员会以及社会工作服务机构等社会组织参与。未成年人的父母或者其他监护人应当积极配合矫治教育措施的实施,不得妨碍阻挠或者放任不管。

22. 什么情形下,可以将有严重不良行为的未成年人送入专门学校接受专门教育?

《预防未成年人犯罪法》第四十三条规定,对有严重不良行为的未成年人,未成年人的父母或者其他监护人、所在学校无力管教或者管教无效的,可以向教育行政部门提出申请,经专门教育指导委员会评估同意后,由教育行政部门决定送入专门学校接受专门教育。

第四十四条规定,未成年人有下列情形之一的,经专门教育指导委员会评估同意,教育行政部门会同公安机关可以决定将其送入专门学校接受专门教育:

(1)实施严重危害社会的行为,情节恶劣

或者造成严重后果；

（2）多次实施严重危害社会的行为；

（3）拒不接受或者配合该法第四十一条规定的矫治教育措施；

（4）法律、行政法规规定的其他情形。

23. 对违反治安管理行为处罚的时效是多久？

《治安管理处罚法》第二十五条规定，违反治安管理行为在六个月以内没有被公安机关发现的，不再处罚。

前述规定的期限，从违反治安管理行为发生之日起计算；违反治安管理行为有连续或者继续状态的，从行为终了之日起计算。

第三章 违反治安管理的行为和处罚

24. 扰乱单位、公共场所、公共交通和选举秩序的,应当如何处罚?

《治安管理处罚法》第二十六条规定,有下列行为之一的,处警告或者五百元以下罚款;情节较重的,处五日以上十日以下拘留,可以并处一千元以下罚款:

(1) 扰乱机关、团体、企业、事业单位秩序,致使工作、生产、营业、医疗、教学、科研不能正常进行,尚未造成严重损失的;

(2) 扰乱车站、港口、码头、机场、商场、公园、展览馆或者其他公共场所秩序的;

(3) 扰乱公共汽车、电车、城市轨道交通车辆、火车、船舶、航空器或者其他公共交通工具上的秩序的;

（4）非法拦截或者强登、扒乘机动车、船舶、航空器以及其他交通工具，影响交通工具正常行驶的；

（5）破坏依法进行的选举秩序的。

聚众实施前述行为的，对首要分子处十日以上十五日以下拘留，可以并处二千元以下罚款。

25. 在国家考试中，扰乱考试秩序的，应当如何处罚？

《治安管理处罚法》第二十七条规定，在法律、行政法规规定的国家考试中，有下列行为之一，扰乱考试秩序的，处违法所得一倍以上五倍以下罚款，没有违法所得或者违法所得不足一千元的，处一千元以上三千元以下罚款；情节较重的，处五日以上十五日以下拘留：

（1）组织作弊的；

（2）为他人组织作弊提供作弊器材或者其他帮助的；

（3）为实施考试作弊行为，向他人非法出

售、提供考试试题、答案的；

（4）代替他人或者让他人代替自己参加考试的。

26. 扰乱体育、文化等大型群众性活动秩序的，应当如何处罚？

《治安管理处罚法》第二十八条规定，有下列行为之一，扰乱体育、文化等大型群众性活动秩序的，处警告或者五百元以下罚款；情节严重的，处五日以上十日以下拘留，可以并处一千元以下罚款：

（1）强行进入场内的；

（2）违反规定，在场内燃放烟花爆竹或者其他物品的；

（3）展示侮辱性标语、条幅等物品的；

（4）围攻裁判员、运动员或者其他工作人员的；

（5）向场内投掷杂物，不听制止的；

（6）扰乱大型群众性活动秩序的其他行为。

因扰乱体育比赛、文艺演出活动秩序被处以拘留处罚的，可以同时责令其六个月至一年以内不得进入体育场馆、演出场馆观看同类比赛、演出；违反规定进入体育场馆、演出场馆的，强行带离现场，可以处五日以下拘留或者一千元以下罚款。

27. 散布谣言、谎报险情、投放虚假危险物质、扬言实施危害公共安全犯罪行为，扰乱公共秩序的，应当如何处罚？

《治安管理处罚法》第二十九条规定，有下列行为之一的，处五日以上十日以下拘留，可以并处一千元以下罚款；情节较轻的，处五日以下拘留或者一千元以下罚款：

（1）故意散布谣言，谎报险情、疫情、灾情、警情或者以其他方法故意扰乱公共秩序的；

（2）投放虚假的爆炸性、毒害性、放射性、腐蚀性物质或者传染病病原体等危险物质扰乱公共秩序的；

（3）扬言实施放火、爆炸、投放危险物质等危害公共安全犯罪行为扰乱公共秩序的。

28. 无故侵扰他人、扰乱社会秩序的，应当如何处罚？

根据《治安管理处罚法》第三十条第四项规定，对于无故侵扰他人、扰乱社会秩序的寻衅滋事行为，处五日以上十日以下拘留或者一千元以下罚款；情节较重的，处十日以上十五日以下拘留，可以并处二千元以下罚款。

29. 制作、传播宣扬邪教、会道门内容的物品、信息、资料的，应当如何处罚？

根据《治安管理处罚法》第三十一条第三项规定，制作、传播宣扬邪教、会道门内容的物品、信息、资料的，处十日以上十五日以下拘留，可以并处二千元以下罚款；情节较轻的，处五日以上十日以下拘留，可以并处一千元以下罚款。

30. 干扰无线电业务及无线电台（站）、未经批准设置无线电台（站）的，应当如何处罚？

《治安管理处罚法》第三十二条规定，违反国家规定，有下列行为之一的，处五日以上十日以下拘留；情节严重的，处十日以上十五日以下拘留：

（1）故意干扰无线电业务正常进行的；

（2）对正常运行的无线电台（站）产生有害干扰，经有关主管部门指出后，拒不采取有效措施消除的；

（3）未经批准设置无线电广播电台、通信基站等无线电台（站）的，或者非法使用、占用无线电频率，从事违法活动的。

31. 侵入、非法控制计算机信息系统的，应当如何处罚？

《治安管理处罚法》第三十三条规定，有

下列行为之一，造成危害的，处五日以下拘留；情节较重的，处五日以上十五日以下拘留：

（1）违反国家规定，侵入计算机信息系统或者采用其他技术手段，获取计算机信息系统中存储、处理或者传输的数据，或者对计算机信息系统实施非法控制的；

（2）违反国家规定，对计算机信息系统功能进行删除、修改、增加、干扰的；

（3）违反国家规定，对计算机信息系统中存储、处理、传输的数据和应用程序进行删除、修改、增加的；

（4）故意制作、传播计算机病毒等破坏性程序的；

（5）提供专门用于侵入、非法控制计算机信息系统的程序、工具，或者明知他人实施侵入、非法控制计算机信息系统的违法犯罪行为而为其提供程序、工具的。

32. 组织、领导传销活动，胁迫、诱骗他人参加传销活动的，应当如何处罚？

《治安管理处罚法》第三十四条规定，组织、领导传销活动的，处十日以上十五日以下拘留；情节较轻的，处五日以上十日以下拘留。

胁迫、诱骗他人参加传销活动的，处五日以上十日以下拘留；情节较重的，处十日以上十五日以下拘留。

33. 扰乱国家重要活动秩序，从事有损英雄烈士保护等行为的，应当如何处罚？

《治安管理处罚法》第三十五条规定，有下列行为之一的，处五日以上十日以下拘留或者一千元以上三千元以下罚款；情节较重的，处十日以上十五日以下拘留，可以并处五千元以下罚款：

（1）在国家举行庆祝、纪念、缅怀、公祭

等重要活动的场所及周边管控区域，故意从事与活动主题和氛围相违背的行为，不听劝阻，造成不良社会影响的；

（2）在英雄烈士纪念设施保护范围内从事有损纪念英雄烈士环境和氛围的活动，不听劝阻的，或者侵占、破坏、污损英雄烈士纪念设施的；

（3）以侮辱、诽谤或者其他方式侵害英雄烈士的姓名、肖像、名誉、荣誉，损害社会公共利益的；

（4）亵渎、否定英雄烈士事迹和精神，或者制作、传播、散布宣扬、美化侵略战争、侵略行为的言论或者图片、音视频等物品，扰乱公共秩序的；

（5）在公共场所或者强制他人在公共场所穿着、佩戴宣扬、美化侵略战争、侵略行为的服饰、标志，不听劝阻，造成不良社会影响的。

34. 违反危险物质管理的，应当如何处罚？

《治安管理处罚法》第三十六条规定，违反国家规定，制造、买卖、储存、运输、邮寄、携带、使用、提供、处置爆炸性、毒害性、放射性、腐蚀性物质或者传染病病原体等危险物质的，处十日以上十五日以下拘留；情节较轻的，处五日以上十日以下拘留。

35. 危险物质被盗、被抢、丢失，未按规定报告的，应当如何处罚？

《治安管理处罚法》第三十七条规定，爆炸性、毒害性、放射性、腐蚀性物质或者传染病病原体等危险物质被盗、被抢或者丢失，未按规定报告的，处五日以下拘留；故意隐瞒不报的，处五日以上十日以下拘留。

36. 非法携带管制器具的，应当如何处罚？

《治安管理处罚法》第三十八条规定，非

法携带枪支、弹药或者弩、匕首等国家规定的管制器具的,处五日以下拘留,可以并处一千元以下罚款;情节较轻的,处警告或者五百元以下罚款。

非法携带枪支、弹药或者弩、匕首等国家规定的管制器具进入公共场所或者公共交通工具的,处五日以上十日以下拘留,可以并处一千元以下罚款。

37. 盗窃、损毁公共设施,移动、损毁边境标志设施等的,应当如何处罚?

《治安管理处罚法》第三十九条规定,有下列行为之一的,处十日以上十五日以下拘留;情节较轻的,处五日以下拘留:

(1) 盗窃、损毁油气管道设施、电力电信设施、广播电视设施、水利工程设施、公共供水设施、公路及附属设施或者水文监测、测量、气象测报、生态环境监测、地质监测、地震监测等公共设施,危及公共安全的;

（2）移动、损毁国家边境的界碑、界桩以及其他边境标志、边境设施或者领土、领海基点标志设施的；

（3）非法进行影响国（边）界线走向的活动或者修建有碍国（边）境管理的设施的。

38. 干扰公共交通工具正常行驶的，应当如何处罚？

《治安管理处罚法》第四十条第三款规定，盗窃、损坏、擅自移动使用中的其他公共交通工具设施、设备，或者以抢控驾驶操纵装置、拉扯、殴打驾驶人员等方式，干扰公共交通工具正常行驶的，处五日以下拘留或者一千元以下罚款；情节较重的，处五日以上十日以下拘留。

39. 妨害铁路、城市轨道交通运行安全的，应当如何处罚？

《治安管理处罚法》第四十一条规定，有

下列行为之一的,处五日以上十日以下拘留,可以并处一千元以下罚款;情节较轻的,处五日以下拘留或者一千元以下罚款:

(1) 盗窃、损毁、擅自移动铁路、城市轨道交通设施、设备、机车车辆配件或者安全标志的;

(2) 在铁路、城市轨道交通线路上放置障碍物,或者故意向列车投掷物品的;

(3) 在铁路、城市轨道交通线路、桥梁、隧道、涵洞处挖掘坑穴、采石取沙的;

(4) 在铁路、城市轨道交通线路上私设道口或者平交过道的。

40. 影响铁路、城市轨道交通行车安全的,应当如何处罚?

《治安管理处罚法》第四十二条规定,擅自进入铁路、城市轨道交通防护网或者火车、城市轨道交通列车来临时在铁路、城市轨道交通线路上行走坐卧,抢越铁路、城市轨道,影响行车安全的，处警告或者五百元以下罚款。

41. 违规升放携带明火的升空物体的，应当如何处罚？

根据《治安管理处罚法》第四十三条第四项规定，违反有关法律法规规定，升放携带明火的升空物体，有发生火灾事故危险，不听劝阻的，处五日以下拘留或者一千元以下罚款；情节严重的，处十日以上十五日以下拘留，可以并处一千元以下罚款。

42. 高空抛物的，应当如何处罚？

根据《治安管理处罚法》第四十三条第五项规定，从建筑物或者其他高空抛掷物品，有危害他人人身安全、公私财产安全或者公共安全危险的，处五日以下拘留或者一千元以下罚款；情节严重的，处十日以上十五日以下拘留，可以并处一千元以下罚款。

43. 举办大型群众性活动，违反规定，有发生安全事故危险而不改正的，应当如何处罚？

《治安管理处罚法》第四十四条规定，举办体育、文化等大型群众性活动，违反有关规定，有发生安全事故危险，经公安机关责令改正而拒不改正或者无法改正的，责令停止活动，立即疏散；对其直接负责的主管人员和其他直接责任人员处五日以上十日以下拘留，并处一千元以上三千元以下罚款；情节较重的，处十日以上十五日以下拘留，并处三千元以上五千元以下罚款，可以同时责令六个月至一年以内不得举办大型群众性活动。

44. 公共场所违反安全规定，有发生安全事故危险而不改正的，应当如何处罚？

《治安管理处罚法》第四十五条规定，旅馆、饭店、影剧院、娱乐场、体育场馆、展览馆或者其他供社会公众活动的场所违反安全规定，致使该场所有发生安全事故危险，经公安机关责令改正而拒不改正的，对其直接负责的主管人员和其他直接责任人员处五日以下拘留；情节较重的，处五日以上十日以下拘留。

45. 违规飞行民用无人驾驶航空器、航空运动器材，升放升空物体的，应当如何处罚？

《治安管理处罚法》第四十六条规定，违反有关法律法规关于飞行空域管理规定，飞行民用无人驾驶航空器、航空运动器材，或者升放无人驾驶自由气球、系留气球等升空物体，情节较重的，处五日以上十日以下拘留。

飞行、升放前述规定的物体非法穿越国（边）境的，处十日以上十五日以下拘留。

46. 组织、胁迫、诱骗进行恐怖、残忍表演，强迫劳动，非法限制人身自由、侵入住宅、搜查的，应当如何处罚？

《治安管理处罚法》第四十七条规定，有下列行为之一的，处十日以上十五日以下拘留，并处一千元以上二千元以下罚款；情节较轻的，处五日以上十日以下拘留，并处一千元以下罚款：

（1）组织、胁迫、诱骗不满十六周岁的人或者残疾人进行恐怖、残忍表演的；

（2）以暴力、威胁或者其他手段强迫他人劳动的；

（3）非法限制他人人身自由、非法侵入他人住宅或者非法搜查他人身体的。

47. 组织、胁迫未成年人从事有偿陪侍活动的，应当如何处罚？

《治安管理处罚法》第四十八条规定，组

织、胁迫未成年人在不适宜未成年人活动的经营场所从事陪酒、陪唱等有偿陪侍活动的,处十日以上十五日以下拘留,并处五千元以下罚款;情节较轻的,处五日以下拘留或者五千元以下罚款。

48. 胁迫、诱骗、利用他人乞讨,以滋扰他人的方式乞讨的,应当如何处罚?

《治安管理处罚法》第四十九条规定,胁迫、诱骗或者利用他人乞讨的,处十日以上十五日以下拘留,可以并处二千元以下罚款。

反复纠缠、强行讨要或者以其他滋扰他人的方式乞讨的,处五日以下拘留或者警告。

49. 威胁他人人身安全、侮辱、诽谤、诬告陷害、威胁证人、干扰他人正常生活、侵犯他人隐私的,应当如何处罚?

《治安管理处罚法》第五十条规定,有下列行为之一的,处五日以下拘留或者一千元以下罚款；情节较重的，处五日以上十日以下拘留，可以并处一千元以下罚款：

（1）写恐吓信或者以其他方法威胁他人人身安全的；

（2）公然侮辱他人或者捏造事实诽谤他人的；

（3）捏造事实诬告陷害他人，企图使他人受到刑事追究或者受到治安管理处罚的；

（4）对证人及其近亲属进行威胁、侮辱、殴打或者打击报复的；

（5）多次发送淫秽、侮辱、恐吓等信息或者采取滋扰、纠缠、跟踪等方法，干扰他人正常生活的；

（6）偷窥、偷拍、窃听、散布他人隐私的。

有前述第五项规定的滋扰、纠缠、跟踪行为的，除依照前述规定给予处罚外，经公安机关负责人批准，可以责令其一定期限内禁止接触被侵害人。对违反禁止接触规定的，处五日以上十日以下拘留，可以并处一千元以下罚款。

50. 殴打或故意伤害他人身体的，应当如何处罚？

《治安管理处罚法》第五十一条规定，殴打他人的，或者故意伤害他人身体的，处五日以上十日以下拘留，并处五百元以上一千元以下罚款；情节较轻的，处五日以下拘留或者一千元以下罚款。

有下列情形之一的，处十日以上十五日以下拘留，并处一千元以上二千元以下罚款：

（1）结伙殴打、伤害他人的；

（2）殴打、伤害残疾人、孕妇、不满十四周岁的人或者七十周岁以上的人的；

（3）多次殴打、伤害他人或者一次殴打、伤害多人的。

51. 猥亵他人、在公共场所故意裸露身体隐私部位的，应当如何处罚？

《治安管理处罚法》第五十二条规定，猥

亵他人的，处五日以上十日以下拘留；猥亵精神病人、智力残疾人、不满十四周岁的人或者有其他严重情节的，处十日以上十五日以下拘留。

在公共场所故意裸露身体隐私部位的，处警告或者五百元以下罚款；情节恶劣的，处五日以上十日以下拘留。

52. 负有监护、看护职责的人虐待被监护、看护的人的，应当如何处罚？

根据《治安管理处罚法》第五十三条第二项规定，对未成年人、老年人、患病的人、残疾人等负有监护、看护职责的人虐待被监护、看护的人的，处五日以下拘留或者警告；情节较重的，处五日以上十日以下拘留，可以并处一千元以下罚款。

53. 强迫交易的，应当如何处罚？

《治安管理处罚法》第五十四条规定，强

买强卖商品,强迫他人提供服务或者强迫他人接受服务的,处五日以上十日以下拘留,并处三千元以上五千元以下罚款;情节较轻的,处五日以下拘留或者一千元以下罚款。

54. 煽动民族仇恨、民族歧视,刊载民族歧视、侮辱内容的,应当如何处罚?

《治安管理处罚法》第五十五条规定,煽动民族仇恨、民族歧视,或者在出版物、信息网络中刊载民族歧视、侮辱内容的,处十日以上十五日以下拘留,可以并处三千元以下罚款;情节较轻的,处五日以下拘留或者三千元以下罚款。

55. 违规向他人出售或者提供个人信息、非法获取个人信息的,应当如何处罚?

《治安管理处罚法》第五十六条规定,违反国家有关规定,向他人出售或者提供个人信息的,处十日以上十五日以下拘留;情节较轻的，处五日以下拘留。

窃取或者以其他方法非法获取个人信息的，依照前述规定处罚。

56. 冒领、隐匿、毁弃、倒卖、私自开拆或者非法检查他人邮件、快件的，应当如何处罚？

《治安管理处罚法》第五十七条规定，冒领、隐匿、毁弃、倒卖、私自开拆或者非法检查他人邮件、快件的，处警告或者一千元以下罚款；情节较重的，处五日以上十日以下拘留。

57. 盗窃、诈骗、哄抢、抢夺或者敲诈勒索的，应当如何处罚？

《治安管理处罚法》第五十八条规定，盗窃、诈骗、哄抢、抢夺或者敲诈勒索的，处五日以上十日以下拘留或者二千元以下罚款；情节较重的，处十日以上十五日以下拘留，可以并处三千元以下罚款。

58. 通过夹带、掉包、造假等方式骗取经营者的赔偿或者对经营者进行敲诈勒索的,应当如何处罚?

根据《消费者权益保护法实施条例》第四十九条第二款规定,通过夹带、掉包、造假、篡改商品生产日期、捏造事实等方式骗取经营者的赔偿或者对经营者进行敲诈勒索的,不适用《消费者权益保护法》第五十五条第一款的规定,依照《治安管理处罚法》等有关法律、法规处理;构成犯罪的,依法追究刑事责任。

此类行为属于诈骗、敲诈勒索行为,尚不构成犯罪的,按照《治安管理处罚法》第五十八条规定处罚。

59. 故意损毁公私财物的,应当如何处罚?

《治安管理处罚法》第五十九条规定,故意损毁公私财物的,处五日以下拘留或者一千元以下罚款;情节较重的,处五日以上十日以下拘留，可以并处三千元以下罚款。

60. 以殴打、侮辱、恐吓等方式实施学生欺凌，违反治安管理的，应当给予处罚吗？可以采取什么措施？

根据《治安管理处罚法》第六十条第一款规定，以殴打、侮辱、恐吓等方式实施学生欺凌，违反治安管理的，公安机关应当依照《治安管理处罚法》《预防未成年人犯罪法》的规定，给予治安管理处罚、采取相应矫治教育等措施。

61. 学校不按规定报告或者处置严重的学生欺凌或者侵害未成年学生的犯罪的，如何处理？

《治安管理处罚法》第六十条第二款规定，学校违反有关法律法规规定，明知发生严重的学生欺凌或者明知发生其他侵害未成年学生的犯罪，不按规定报告或者处置的，责令改正，对其直接负责的主管人员和其他直接责任人员，建议有关部门依法予以处分。

62. 拒不执行紧急状态决定、命令，阻碍执行职务的，应当如何处罚？

《治安管理处罚法》第六十一条规定，有下列行为之一的，处警告或者五百元以下罚款；情节严重的，处五日以上十日以下拘留，可以并处一千元以下罚款：

（1）拒不执行人民政府在紧急状态情况下依法发布的决定、命令的；

（2）阻碍国家机关工作人员依法执行职务的；

（3）阻碍执行紧急任务的消防车、救护车、工程抢险车、警车或者执行上述紧急任务的专用船舶通行的；

（4）强行冲闯公安机关设置的警戒带、警戒区或者检查点的。

阻碍人民警察依法执行职务的，从重处罚。

63. 招摇撞骗的，应当如何处罚？

《治安管理处罚法》第六十二条规定，冒充国家机关工作人员招摇撞骗的，处十日以上十五日以下拘留，可以并处一千元以下罚款；情节较轻的，处五日以上十日以下拘留。

冒充军警人员招摇撞骗的，从重处罚。

盗用、冒用个人、组织的身份、名义或者以其他虚假身份招摇撞骗的，处五日以下拘留或者一千元以下罚款；情节较重的，处五日以上十日以下拘留，可以并处一千元以下罚款。

64. 出租、出借公文、证件、证明文件、印章供他人非法使用的，应当如何处罚？

根据《治安管理处罚法》第六十三条第二项规定，出租、出借国家机关、人民团体、企业、事业单位或者其他组织的公文、证件、证明文件、印章供他人非法使用的，处十日以上十五日以下拘留，可以并处五千元以下罚款；情节较轻的，处五日以上十日以下拘留，可以并处三千元以下罚款。

65. 船舶擅自进入、停靠禁止、限制进入的水域或者岛屿的，应当如何处罚？

《治安管理处罚法》第六十四条规定，船舶擅自进入、停靠国家禁止、限制进入的水域或者岛屿的，对船舶负责人及有关责任人员处一千元以上二千元以下罚款；情节严重的，处五日以下拘留，可以并处二千元以下罚款。

66. 违规以社会组织名义进行活动、非法经营的，应当如何处罚？

《治安管理处罚法》第六十五条规定，有下列行为之一的，处十日以上十五日以下拘留，可以并处五千元以下罚款；情节较轻的，处五日以上十日以下拘留或者一千元以上三千元以下罚款：

（1）违反国家规定，未经注册登记，以社会团体、基金会、社会服务机构等社会组织名义进行活动，被取缔后，仍进行活动的；

（2）被依法撤销登记或者吊销登记证书的社会团体、基金会、社会服务机构等社会组织，仍以原社会组织名义进行活动的；

（3）未经许可，擅自经营按照国家规定需要由公安机关许可的行业的。

有前述第三项行为的，予以取缔。被取缔一年以内又实施的，处十日以上十五日以下拘留，并处三千元以上五千元以下罚款。

取得公安机关许可的经营者，违反国家有关管理规定，情节严重的，公安机关可以吊销许可证件。

67. 煽动、策划非法集会、游行、示威的，应当如何处罚？

《治安管理处罚法》第六十六条规定，煽动、策划非法集会、游行、示威，不听劝阻的，处十日以上十五日以下拘留。

68. 从事旅馆业经营活动违反规定的，应当如何处罚？

《治安管理处罚法》第六十七条规定，从事旅馆业经营活动不按规定登记住宿人员姓名、有效身份证件种类和号码等信息的，或者为身份不明、拒绝登记身份信息的人提供住宿服务的，对其直接负责的主管人员和其他直接责任人员处五百元以上一千元以下罚款；情节较轻的，处警告或者五百元以下罚款。

实施前述行为，妨害反恐怖主义工作进行，违反《反恐怖主义法》规定的，依照其规定处罚。

从事旅馆业经营活动有下列行为之一的，对其直接负责的主管人员和其他直接责任人员处一千元以上三千元以下罚款；情节严重的，处五日以下拘留，可以并处三千元以上五千元以下罚款：

（1）明知住宿人员违反规定将危险物质带入住宿区域，不予制止的；

（2）明知住宿人员是犯罪嫌疑人员或者被公安机关通缉的人员，不向公安机关报告的；

（3）明知住宿人员利用旅馆实施犯罪活动，不向公安机关报告的。

69. 违法出租房屋的，应当如何处罚？

《治安管理处罚法》第六十八条规定，房屋出租人将房屋出租给身份不明、拒绝登记身份信息的人的，或者不按规定登记承租人姓名、有效身份证件种类和号码等信息的，处五百元以上一千元以下罚款；情节较轻的，处警告或者五百元以下罚款。

房屋出租人明知承租人利用出租房屋实施犯罪活动，不向公安机关报告的，处一千元以上三千元以下罚款；情节严重的，处五日以下拘留，可以并处三千元以上五千元以下罚款。

70. 娱乐场所和公章刻制、机动车修理、报废机动车回收行业经营者不依法登记信息的，应当如何处罚？

《治安管理处罚法》第六十九条规定，娱乐场所和公章刻制、机动车修理、报废机动车回收行业经营者违反法律法规关于要求登记信息的规定，不登记信息的，处警告；拒不改正或者造成后果的，对其直接负责的主管人员和其他直接责任人员处五日以下拘留或者三千元以下罚款。

71. 非法安装、使用、提供窃听、窃照专用器材的，应当如何处罚？

《治安管理处罚法》第七十条规定，非法安装、使用、提供窃听、窃照专用器材的，处五日以下拘留或者一千元以上三千元以下罚款；情节较重的，处五日以上十日以下拘留，并处三千元以上五千元以下罚款。

72. 违法典当、收购国家禁止收购物品的，应当如何处罚？

《治安管理处罚法》第七十一条规定，有下列行为之一的，处一千元以上三千元以下罚款；情节严重的，处五日以上十日以下拘留，并处一千元以上三千元以下罚款：

（1）典当业工作人员承接典当的物品，不查验有关证明、不履行登记手续的，或者违反国家规定对明知是违法犯罪嫌疑人、赃物而不向公安机关报告的；

（2）违反国家规定，收购铁路、油田、供电、电信、矿山、水利、测量和城市公用设施等废旧专用器材的；

（3）收购公安机关通报寻查的赃物或者有赃物嫌疑的物品的；

（4）收购国家禁止收购的其他物品的。

73. 妨害执法办案秩序的，应当如何处罚？

《治安管理处罚法》第七十二条规定，有下列行为之一的，处五日以上十日以下拘留，可以并处一千元以下罚款；情节较轻的，处警告或者一千元以下罚款：

（1）隐藏、转移、变卖、擅自使用或者损毁行政执法机关依法扣押、查封、冻结、扣留、先行登记保存的财物的；

（2）伪造、隐匿、毁灭证据或者提供虚假证言、谎报案情，影响行政执法机关依法办案的；

（3）明知是赃物而窝藏、转移或者代为销售的；

（4）被依法执行管制、剥夺政治权利或者在缓刑、暂予监外执行中的罪犯或者被依法采取刑事强制措施的人，有违反法律、行政法规或者国务院有关部门的监督管理规定的行为的。

74. 违反禁止令、职业禁止决定、禁止告诫书、禁止接触保护措施的，应当如何处罚？

《治安管理处罚法》第七十三条规定，有下列行为之一的，处警告或者一千元以下罚款；情节较重的，处五日以上十日以下拘留，可以并处一千元以下罚款：

（1）违反人民法院刑事判决中的禁止令或者职业禁止决定的；

（2）拒不执行公安机关依照《反家庭暴力法》《妇女权益保障法》出具的禁止家庭暴力告诫书、禁止性骚扰告诫书的；

（3）违反监察机关在监察工作中、司法机关在刑事诉讼中依法采取的禁止接触证人、鉴定人、被害人及其近亲属保护措施的。

75. 依法被关押的违法行为人脱逃的,应当如何处罚?

《治安管理处罚法》第七十四条规定,依法被关押的违法行为人脱逃的,处十日以上十五日以下拘留;情节较轻的,处五日以上十日以下拘留。

76. 妨害文物管理的,应当如何处罚?

《治安管理处罚法》第七十五条规定,有下列行为之一的,处警告或者五百元以下罚款;情节较重的,处五日以上十日以下拘留,并处五百元以上一千元以下罚款:

(1)刻划、涂污或者以其他方式故意损坏国家保护的文物、名胜古迹的;

(2)违反国家规定,在文物保护单位附近进行爆破、钻探、挖掘等活动,危及文物安全的。

77. 偷开他人机动车，无证驾驶或者偷开他人航空器、机动船舶的，应当如何处罚？

《治安管理处罚法》第七十六条规定，有下列行为之一的，处一千元以上二千元以下罚款；情节严重的，处十日以上十五日以下拘留，可以并处二千元以下罚款：

(1) 偷开他人机动车的；

(2) 未取得驾驶证驾驶或者偷开他人航空器、机动船舶的。

78. 破坏他人坟墓、尸体、骨灰，违规停放尸体的，应当如何处罚？

《治安管理处罚法》第七十七条规定，有下列行为之一的，处五日以上十日以下拘留；情节严重的，处十日以上十五日以下拘留，可以并处二千元以下罚款：

(1) 故意破坏、污损他人坟墓或者毁坏、丢弃他人尸骨、骨灰的；

（2）在公共场所停放尸体或者因停放尸体影响他人正常生活、工作秩序，不听劝阻的。

79. 卖淫、嫖娼、拉客招嫖的，应当如何处罚？

《治安管理处罚法》第七十八条规定，卖淫、嫖娼的，处十日以上十五日以下拘留，可以并处五千元以下罚款；情节较轻的，处五日以下拘留或者一千元以下罚款。

在公共场所拉客招嫖的，处五日以下拘留或者一千元以下罚款。

80. 引诱、容留、介绍他人卖淫的，应当如何处罚？

《治安管理处罚法》第七十九条规定，引诱、容留、介绍他人卖淫的，处十日以上十五日以下拘留，可以并处五千元以下罚款；情节较轻的，处五日以下拘留或者一千元以上二千元以下罚款。

81. 制作、运输、复制、出售、出租淫秽物品，传播淫秽信息的，应当如何处罚？

《治安管理处罚法》第八十条规定，制作、运输、复制、出售、出租淫秽的书刊、图片、影片、音像制品等淫秽物品或者利用信息网络、电话以及其他通讯工具传播淫秽信息的，处十日以上十五日以下拘留，可以并处五千元以下罚款；情节较轻的，处五日以下拘留或者一千元以上三千元以下罚款。

前述规定的淫秽物品或者淫秽信息中涉及未成年人的，从重处罚。

82. 组织、参与淫秽活动的，应当如何处罚？

《治安管理处罚法》第八十一条规定，有下列行为之一的，处十日以上十五日以下拘留，并处一千元以上二千元以下罚款：

（1）组织播放淫秽音像的；

（2）组织或者进行淫秽表演的；

（3）参与聚众淫乱活动的。

明知他人从事前述活动，为其提供条件的，依照前述规定处罚。

组织未成年人从事该条第一款活动的，从重处罚。

83. 赌博的，应当如何处罚？

《治安管理处罚法》第八十二条规定，以营利为目的，为赌博提供条件的，或者参与赌博赌资较大的，处五日以下拘留或者一千元以下罚款；情节严重的，处十日以上十五日以下拘留，并处一千元以上五千元以下罚款。

84. 非法种植、买卖、运输、携带、持有少量毒品原植物及其种子、幼苗或罂粟壳的，应当如何处罚？

《治安管理处罚法》第八十三条规定，有下列行为之一的，处十日以上十五日以下拘留，可以并处五千元以下罚款；情节较轻的，处五日以下拘留或者一千元以下罚款：

（1）非法种植罂粟不满五百株或者其他少量毒品原植物的；

（2）非法买卖、运输、携带、持有少量未经灭活的罂粟等毒品原植物种子或者幼苗的；

（3）非法运输、买卖、储存、使用少量罂粟壳的。

有前述第一项行为，在成熟前自行铲除的，不予处罚。

85. 非法持有少量毒品，向他人提供毒品，吸食、注射毒品，胁迫、欺骗医务人员开具麻醉药品、精神药品的，应当如何处罚？

《治安管理处罚法》第八十四条规定，有下列行为之一的，处十日以上十五日以下拘留，可以并处三千元以下罚款；情节较轻的，处五日以下拘留或者一千元以下罚款：

（1）非法持有鸦片不满二百克、海洛因或者甲基苯丙胺不满十克或者其他少量毒品的；

（2）向他人提供毒品的；

（3）吸食、注射毒品的；

（4）胁迫、欺骗医务人员开具麻醉药品、精神药品的。

聚众、组织吸食、注射毒品的，对首要分子、组织者依照前述规定从重处罚。

吸食、注射毒品的，可以同时责令其六个月至一年以内不得进入娱乐场所、不得擅自接触涉及毒品违法犯罪人员。违反规定的，处五日以下拘留或者一千元以下罚款。

86. 容留他人吸食、注射毒品或者介绍买卖毒品的，应当如何处罚？

《治安管理处罚法》第八十五条第二款规定，容留他人吸食、注射毒品或者介绍买卖毒品的，处十日以上十五日以下拘留，可以并处三千元以下罚款；情节较轻的，处五日以下拘留或者一千元以下罚款。

87. 非法生产、经营、购买、运输制毒原料、配剂的，应当如何处罚？

《治安管理处罚法》第八十六条规定，违反国家规定，非法生产、经营、购买、运输用于制造毒品的原料、配剂的，处十日以上十五日以下拘留；情节较轻的，处五日以上十日以下拘留。

88. 服务行业人员为违法犯罪行为人通风报信或提供条件的，应当如何处罚？

《治安管理处罚法》第八十七条规定，旅馆业、饮食服务业、文化娱乐业、出租汽车业等单位的人员，在公安机关查处吸毒、赌博、卖淫、嫖娼活动时，为违法犯罪行为人通风报信的，或者以其他方式为上述活动提供条件的，处十日以上十五日以下拘留；情节较轻的，处五日以下拘留或者一千元以上二千元以下罚款。

89. 违法产生社会生活噪声，干扰他人的，应当如何处罚？

《治安管理处罚法》第八十八条规定，违反关于社会生活噪声污染防治的法律法规规定，产生社会生活噪声，经基层群众性自治组织、业主委员会、物业服务人、有关部门依法劝阻、调解和处理未能制止，继续干扰他人正常生活、工作和学习的，处五日以下拘留或者一千元以下罚款；情节严重的，处五日以上十日以下拘留，可以并处一千元以下罚款。

90. 违法饲养动物的，应当如何处罚？

《治安管理处罚法》第八十九条规定，饲养动物，干扰他人正常生活的，处警告；警告后不改正的，或者放任动物恐吓他人的，处一千元以下罚款。

违反有关法律、法规、规章规定，出售、饲养烈性犬等危险动物的，处警告；警告后不改正的，或者致使动物伤害他人的，处五日以下拘留或者一千元以下罚款；情节较重的，处五日以上十日以下拘留。

未对动物采取安全措施，致使动物伤害他人的，处一千元以下罚款；情节较重的，处五日以上十日以下拘留。

驱使动物伤害他人的，依照该法第五十一条的规定处罚。

第四章　处罚程序

91. 公安机关对报案、控告、举报、主动投案,以及其他国家机关移送的违反治安管理案件,应当如何处理?

《治安管理处罚法》第九十条规定,公安机关对报案、控告、举报或者违反治安管理行为人主动投案,以及其他国家机关移送的违反治安管理案件,应当立即立案并进行调查;认为不属于违反治安管理行为的,应当告知报案人、控告人、举报人、投案人,并说明理由。

92. 公安机关办理治安案件,如何收集、调取证据?

《治安管理处罚法》第九十一条规定,公安机关及其人民警察对治安案件的调查,应当依法进行。严禁刑讯逼供或者采用威胁、引诱、欺骗等非法手段收集证据。

以非法手段收集的证据不得作为处罚的根据。

第九十二条规定,公安机关办理治安案件,有权向有关单位和个人收集、调取证据。有关单位和个人应当如实提供证据。

公安机关向有关单位和个人收集、调取证据时,应当告知其必须如实提供证据,以及伪造、隐匿、毁灭证据或者提供虚假证言应当承担的法律责任。

93. 除了公安机关在办理治安案件中依法收集的证据,还有哪些证据材料可以作为治安案件的证据使用?

《治安管理处罚法》第九十三条规定,在办理刑事案件过程中以及其他执法办案机关在移送案件前依法收集的物证、书证、视听资料、电子数据等证据材料,可以作为治安案件的证据使用。

94. 公安机关办理治安案件时，如何履行保密义务？

《治安管理处罚法》第九十四条规定，公安机关及其人民警察在办理治安案件时，对涉及的国家秘密、商业秘密、个人隐私或者个人信息，应当予以保密。

第一百三十八条规定，公安机关及其人民警察不得将在办理治安案件过程中获得的个人信息，依法提取、采集的相关信息、样本用于与治安管理、查处犯罪无关的用途，不得出售、提供给其他单位或者个人。

95. 如何传唤违反治安管理行为人？

《治安管理处罚法》第九十六条规定，需要传唤违反治安管理行为人接受调查的，经公安机关办案部门负责人批准，使用传唤证传唤。对现场发现的违反治安管理行为人，人民警察经出示人民警察证,可以口头传唤,但应当在询问笔录中注明。

公安机关应当将传唤的原因和依据告知被传唤人。对无正当理由不接受传唤或者逃避传唤的人,经公安机关办案部门负责人批准,可以强制传唤。

96. 传唤后询问查证有什么程序要求?

《治安管理处罚法》第九十七条规定,对违反治安管理行为人,公安机关传唤后应当及时询问查证,询问查证的时间不得超过八小时;涉案人数众多、违反治安管理行为人身份不明的,询问查证的时间不得超过十二小时;情况复杂,依照该法规定可能适用行政拘留处罚的,询问查证的时间不得超过二十四小时。在执法办案场所询问违反治安管理行为人,应当全程同步录音录像。

公安机关应当及时将传唤的原因和处所通知被传唤人家属。

询问查证期间,公安机关应当保证违反治安管理行为人的饮食、必要的休息时间等正当需求。

97. 制作询问笔录有什么程序要求?

《治安管理处罚法》第九十八条第一款、第二款规定,询问笔录应当交被询问人核对;对没有阅读能力的,应当向其宣读。记载有遗漏或者差错的,被询问人可以提出补充或者更正。被询问人确认笔录无误后,应当签名、盖章或者按指印,询问的人民警察也应当在笔录上签名。

被询问人要求就被询问事项自行提供书面材料的,应当准许;必要时,人民警察也可以要求被询问人自行书写。

98. 询问不满十八周岁的违反治安管理行为人,有什么程序要求?

《治安管理处罚法》第九十八条第三款规

定，询问不满十八周岁的违反治安管理行为人，应当通知其父母或者其他监护人到场；其父母或者其他监护人不能到场的，也可以通知其他成年亲属，所在学校、单位、居住地基层组织或者未成年人保护组织的代表等合适成年人到场，并将有关情况记录在案。确实无法通知或者通知后未到场的，应当在笔录中注明。

99. 询问被侵害人或者其他证人，有什么程序要求？

《治安管理处罚法》第九十九条规定，人民警察询问被侵害人或者其他证人，可以在现场进行，也可以到其所在单位、住处或者其提出的地点进行；必要时，也可以通知其到公安机关提供证言。

人民警察在公安机关以外询问被侵害人或者其他证人，应当出示人民警察证。

询问被侵害人或者其他证人，同时适用该法第九十八条的规定。

100. 违反治安管理行为人、被侵害人或者其他证人在异地的,如何询问?

《治安管理处罚法》第一百条规定,违反治安管理行为人、被侵害人或者其他证人在异地的,公安机关可以委托异地公安机关代为询问,也可以通过公安机关的视频系统远程询问。

通过远程视频方式询问的,应当向被询问人宣读询问笔录,被询问人确认笔录无误后,询问的人民警察应当在笔录上注明。询问和宣读过程应当全程同步录音录像。

101. 什么情形下,可以进行人身检查,提取或者采集生物信息、样本?

《治安管理处罚法》第一百零二条规定,为了查明案件事实,确定违反治安管理行为人、被侵害人的某些特征、伤害情况或者生理状态,需要对其人身进行检查,提取或者采集肖像、指纹信息和血液、尿液等生物样本的，经公安机关办案部门负责人批准后进行。对已经提取、采集的信息或者样本，不得重复提取、采集。提取或者采集被侵害人的信息或者样本，应当征得被侵害人或者其监护人同意。

102. 对与违反治安管理行为有关的场所、物品、人身进行检查，有什么程序要求？

《治安管理处罚法》第一百零三条规定，公安机关对与违反治安管理行为有关的场所或者违反治安管理行为人的人身、物品可以进行检查。检查时，人民警察不得少于二人，并应当出示人民警察证。

对场所进行检查的，经县级以上人民政府公安机关负责人批准，使用检查证检查；对确有必要立即进行检查的，人民警察经出示人民警察证，可以当场检查，并应当全程同步录音录像。检查公民住所应当出示县级以上人民政府公安机关开具的检查证。

检查妇女的身体,应当由女性工作人员或者医师进行。

103. 制作检查笔录有什么程序要求?

《治安管理处罚法》第一百零四条规定,检查的情况应当制作检查笔录,由检查人、被检查人和见证人签名、盖章或者按指印;被检查人不在场或者被检查人、见证人拒绝签名的,人民警察应当在笔录上注明。

104. 什么情形下,可以扣押物品?

《治安管理处罚法》第一百零五条规定,公安机关办理治安案件,对与案件有关的需要作为证据的物品,可以扣押;对被侵害人或者善意第三人合法占有的财产,不得扣押,应当予以登记,但是对其中与案件有关的必须鉴定的物品,可以扣押,鉴定后应当立即解除。对与案件无关的物品，不得扣押。

对扣押的物品，应当会同在场见证人和被扣押物品持有人查点清楚，当场开列清单一式二份，由调查人员、见证人和持有人签名或者盖章，一份交给持有人，另一份附卷备查。

实施扣押前应当报经公安机关负责人批准；因情况紧急或者物品价值不大，当场实施扣押的，人民警察应当及时向其所属公安机关负责人报告，并补办批准手续。公安机关负责人认为不应当扣押的，应当立即解除。当场实施扣押的，应当全程同步录音录像。

对扣押的物品，应当妥善保管，不得挪作他用；对不宜长期保存的物品，按照有关规定处理。经查明与案件无关或者经核实属于被侵害人或者他人合法财产的，应当登记后立即退还；满六个月无人对该财产主张权利或者无法查清权利人的，应当公开拍卖或者按照国家有关规定处理，所得款项上缴国库。

105. 什么情形下,可以进行辨认?

《治安管理处罚法》第一百零七条规定,为了查明案情,人民警察可以让违反治安管理行为人、被侵害人和其他证人对与违反治安管理行为有关的场所、物品进行辨认,也可以让被侵害人、其他证人对违反治安管理行为人进行辨认,或者让违反治安管理行为人对其他违反治安管理行为人进行辨认。

辨认应当制作辨认笔录,由人民警察和辨认人签名、盖章或者按指印。

106. 什么情形下,可以由一名人民警察进行询问、扣押、辨认、调解?

《治安管理处罚法》第一百零八条规定,公安机关进行询问、辨认、勘验,实施行政强制措施等调查取证工作时,人民警察不得少于二人。

公安机关在规范设置、严格管理的执法办

案场所进行询问、扣押、辨认的,或者进行调解的,可以由一名人民警察进行。

依照前述规定由一名人民警察进行询问、扣押、辨认、调解的,应当全程同步录音录像。未按规定全程同步录音录像或者录音录像资料损毁、丢失的,相关证据不能作为处罚的根据。

107. 治安管理处罚决定由什么主体作出?

《治安管理处罚法》第一百零九条规定,治安管理处罚由县级以上地方人民政府公安机关决定;其中警告、一千元以下的罚款,可以由公安派出所决定。

108. 没有本人陈述或只有本人陈述的,公安机关可以作出治安管理处罚决定吗?

《治安管理处罚法》第一百一十一条规定,公安机关查处治安案件,对没有本人陈述，但其他证据能够证明案件事实的，可以作出治安管理处罚决定。但是，只有本人陈述，没有其他证据证明的，不能作出治安管理处罚决定。

109. 公安机关作出治安管理处罚决定前，如何履行告知义务？如何听取违反治安管理行为人的意见？

《治安管理处罚法》第一百一十二条规定，公安机关作出治安管理处罚决定前，应当告知违反治安管理行为人拟作出治安管理处罚的内容及事实、理由、依据，并告知违反治安管理行为人依法享有的权利。

违反治安管理行为人有权陈述和申辩。公安机关必须充分听取违反治安管理行为人的意见，对违反治安管理行为人提出的事实、理由和证据，应当进行复核；违反治安管理行为人提出的事实、理由或者证据成立的，公安机关应当采纳。

违反治安管理行为人不满十八周岁的,还应当依照该条前两款的规定告知未成年人的父母或者其他监护人,充分听取其意见。

公安机关不得因违反治安管理行为人的陈述、申辩而加重其处罚。

110. 治安案件调查结束后,公安机关如何根据不同情况,分别作出处理?

《治安管理处罚法》第一百一十三条规定,治安案件调查结束后,公安机关应当根据不同情况,分别作出以下处理:

(1) 确有依法应当给予治安管理处罚的违法行为的,根据情节轻重及具体情况,作出处罚决定;

(2) 依法不予处罚的,或者违法事实不能成立的,作出不予处罚决定;

(3) 违法行为已涉嫌犯罪的,移送有关主管机关依法追究刑事责任;

(4) 发现违反治安管理行为人有其他违法

行为的，在对违反治安管理行为作出处罚决定的同时，通知或者移送有关主管机关处理。

对情节复杂或者重大违法行为给予治安管理处罚，公安机关负责人应当集体讨论决定。

111. 什么情形下，在公安机关作出治安管理处罚决定之前，应当进行法制审核？

《治安管理处罚法》第一百一十四条规定，有下列情形之一的，在公安机关作出治安管理处罚决定之前，应当由从事治安管理处罚决定法制审核的人员进行法制审核；未经法制审核或者审核未通过的，不得作出决定：

（1）涉及重大公共利益的；

（2）直接关系当事人或者第三人重大权益，经过听证程序的；

（3）案件情况疑难复杂、涉及多个法律关系的。

公安机关中初次从事治安管理处罚决定法制审核的人员，应当通过国家统一法律职业资格考试取得法律职业资格。

112. 如何制作治安管理处罚决定书?

《治安管理处罚法》第一百一十五条规定,公安机关作出治安管理处罚决定的,应当制作治安管理处罚决定书。决定书应当载明下列内容:

(1) 被处罚人的姓名、性别、年龄、身份证件的名称和号码、住址;

(2) 违法事实和证据;

(3) 处罚的种类和依据;

(4) 处罚的执行方式和期限;

(5) 对处罚决定不服,申请行政复议、提起行政诉讼的途径和期限;

(6) 作出处罚决定的公安机关的名称和作出决定的日期。

决定书应当由作出处罚决定的公安机关加盖印章。

113. 什么情形下,违反治安管理行为人有权要求举行听证?

《治安管理处罚法》第一百一十七条规定,公安机关作出吊销许可证件、处四千元以上罚款的治安管理处罚决定或者采取责令停业整顿措施前,应当告知违反治安管理行为人有权要求举行听证;违反治安管理行为人要求听证的,公安机关应当及时依法举行听证。

对依照该法第二十三条第二款规定可能执行行政拘留的未成年人,公安机关应当告知未成年人和其监护人有权要求举行听证;未成年人和其监护人要求听证的,公安机关应当及时依法举行听证。对未成年人案件的听证不公开举行。

该条前两款规定以外的案情复杂或者具有重大社会影响的案件,违反治安管理行为人要求听证,公安机关认为必要的,应当及时依法举行听证。

公安机关不得因违反治安管理行为人要求听证而加重其处罚。

114. 公安机关办理治安案件的期限是多久?

《治安管理处罚法》第一百一十八条规定,公安机关办理治安案件的期限,自立案之日起不得超过三十日;案情重大、复杂的,经上一级公安机关批准,可以延长三十日。期限延长以二次为限。公安派出所办理的案件需要延长期限的,由所属公安机关批准。

为了查明案情进行鉴定的期间、听证的期间,不计入办理治安案件的期限。

115. 什么情形下,可以当场作出治安管理处罚决定?

《治安管理处罚法》第一百一十九条规定,违反治安管理行为事实清楚,证据确凿,处警告或者五百元以下罚款的,可以当场作出治安管理处罚决定。

116. 当场作出治安管理处罚决定有什么程序要求?

《治安管理处罚法》第一百二十条规定,当场作出治安管理处罚决定的,人民警察应当向违反治安管理行为人出示人民警察证,并填写处罚决定书。处罚决定书应当当场交付被处罚人;有被侵害人的,并应当将决定书送达被侵害人。

前述规定的处罚决定书,应当载明被处罚人的姓名、违法行为、处罚依据、罚款数额、时间、地点以及公安机关名称,并由经办的人民警察签名或者盖章。

适用当场处罚,被处罚人对拟作出治安管理处罚的内容及事实、理由、依据没有异议的,可以由一名人民警察作出治安管理处罚决定,并应当全程同步录音录像。

当场作出治安管理处罚决定的,经办的人

民警察应当在二十四小时以内报所属公安机关备案。

117. 被处罚人、被侵害人对哪些决定、措施不服的，可以依法申请行政复议或者提起行政诉讼？

《治安管理处罚法》第一百二十一条规定，被处罚人、被侵害人对公安机关依照该法规定作出的治安管理处罚决定，作出的收缴、追缴决定，或者采取的有关限制性、禁止性措施等不服的，可以依法申请行政复议或者提起行政诉讼。

118. 什么情形下，人民警察可以当场收缴罚款？

《治安管理处罚法》第一百二十三条规定，受到罚款处罚的人应当自收到处罚决定书之日起十五日以内，到指定的银行或者通过电子支付系统缴纳罚款。但是，有下列情形之一的，人民警察可以当场收缴罚款：

（1）被处二百元以下罚款，被处罚人对罚款无异议的；

（2）在边远、水上、交通不便地区，旅客列车上或者口岸，公安机关及其人民警察依照该法的规定作出罚款决定后，被处罚人到指定的银行或者通过电子支付系统缴纳罚款确有困难，经被处罚人提出的；

（3）被处罚人在当地没有固定住所，不当场收缴事后难以执行的。

119. 什么情形下，被处罚人可以向公安机关申请暂缓执行行政拘留？

《治安管理处罚法》第一百二十六条规定，被处罚人不服行政拘留处罚决定，申请行政复议、提起行政诉讼的，遇有参加升学考试、子女出生或者近亲属病危、死亡等情形的，可以向公安机关提出暂缓执行行政拘留的申请。公安机关认为暂缓执行行政拘留不致发生社会危险的，由被处罚人或者其近亲属提出符合该法第一百二十七条规定条件的担保人①，或者按每日行政拘留二百元的标准交纳保证金，行政拘留的处罚决定暂缓执行。

正在被执行行政拘留处罚的人遇有参加升学考试、子女出生或者近亲属病危、死亡等情形，被拘留人或者其近亲属申请出所的，由公安机关依照前述规定执行。被拘留人出所的时间不计入拘留期限。

---

① 该法第一百二十七条规定，担保人应当符合下列条件：(1) 与本案无牵连；(2) 享有政治权利，人身自由未受到限制；(3) 在当地有常住户口和固定住所；(4) 有能力履行担保义务。

第五章 执法监督

120. 公安机关作出治安管理处罚决定，发现被处罚人是公职人员的，应当如何处理？

《治安管理处罚法》第一百三十四条规定，公安机关作出治安管理处罚决定，发现被处罚人是公职人员，依照《公职人员政务处分法》的规定需要给予政务处分的，应当依照有关规定及时通报监察机关等有关单位。

121. 违反治安管理的记录应当如何处理？

《治安管理处罚法》第一百三十六条规定，违反治安管理的记录应当予以封存，不得向任何单位和个人提供或者公开，但有关国家机关为办案需要或者有关单位根据国家规定进行查询的除外。依法进行查询的单位，应当对被封存的违法记录的情况予以保密。

122. 公安机关及其人民警察办理治安案件，有哪些行为，应当依法给予处分？

《治安管理处罚法》第一百三十九条规定，人民警察办理治安案件，有下列行为之一的，依法给予处分；构成犯罪的，依法追究刑事责任：

（1）刑讯逼供、体罚、打骂、虐待、侮辱他人的；

（2）超过询问查证的时间限制人身自由的；

（3）不执行罚款决定与罚款收缴分离制度或者不按规定将罚没的财物上缴国库或者依法处理的；

（4）私分、侵占、挪用、故意损毁所收缴、追缴、扣押的财物的；

（5）违反规定使用或者不及时返还被侵害

第五章 执法监督

人财物的；

（6）违反规定不及时退还保证金的；

（7）利用职务上的便利收受他人财物或者谋取其他利益的；

（8）当场收缴罚款不出具专用票据或者不如实填写罚款数额的；

（9）接到要求制止违反治安管理行为的报警后，不及时出警的；

（10）在查处违反治安管理活动时，为违法犯罪行为人通风报信的；

（11）泄露办理治安案件过程中的工作秘密或者其他依法应当保密的信息的；

（12）将在办理治安案件过程中获得的个人信息，依法提取、采集的相关信息、样本用于与治安管理、查处犯罪无关的用途，或者出售、提供给其他单位或者个人的；

（13）剪接、删改、损毁、丢失办理治安案件的同步录音录像资料的；

（14）有徇私舞弊、玩忽职守、滥用职权，不依法履行法定职责的其他情形的。

办理治安案件的公安机关有前述行为的,对负有责任的领导人员和直接责任人员,依法给予处分。

附 录

中华人民共和国
治安管理处罚法

（2005年8月28日第十届全国人民代表大会常务委员会第十七次会议通过 根据2012年10月26日第十一届全国人民代表大会常务委员会第二十九次会议《关于修改〈中华人民共和国治安管理处罚法〉的决定》修正 2025年6月27日第十四届全国人民代表大会常务委员会第十六次会议修订 2025年6月27日中华人民共和国主席令第49号公布 自2026年1月1日起施行）

目　　录

第一章　总　　则

第二章　处罚的种类和适用

第三章　违反治安管理的行为和处罚

　第一节　扰乱公共秩序的行为和处罚

　第二节　妨害公共安全的行为和处罚

　第三节　侵犯人身权利、财产权利的行为和处罚

　第四节　妨害社会管理的行为和处罚

第四章　处罚程序

　第一节　调　　查

　第二节　决　　定

　第三节　执　　行

第五章　执法监督

第六章　附　　则

第一章 总 则

第一条 为了维护社会治安秩序，保障公共安全，保护公民、法人和其他组织的合法权益，规范和保障公安机关及其人民警察依法履行治安管理职责，根据宪法，制定本法。

第二条 治安管理工作坚持中国共产党的领导，坚持综合治理。

各级人民政府应当加强社会治安综合治理，采取有效措施，预防和化解社会矛盾纠纷，增进社会和谐，维护社会稳定。

第三条 扰乱公共秩序，妨害公共安全，侵犯人身权利、财产权利，妨害社会管理，具有社会危害性，依照《中华人民共和国刑法》的规定构成犯罪的，依法追究刑事责任；尚不够刑事处罚的，由公安机关依照本法给予治安管理处罚。

第四条 治安管理处罚的程序，适用本法的规定；本法没有规定的，适用《中华人民共和国行政处罚法》、《中华人民共和国行政强制法》的有关规定。

第五条 在中华人民共和国领域内发生的违反治安管理行为，除法律有特别规定的外，适用本法。

在中华人民共和国船舶和航空器内发生的违反治安管理行为，除法律有特别规定的外，适用本法。

在外国船舶和航空器内发生的违反治安管理行为，依照中华人民共和国缔结或者参加的国际条约，中华人民共和国行使管辖权的，适用本法。

第六条 治安管理处罚必须以事实为依据，与违反治安管理的事实、性质、情节以及社会危害程度相当。

实施治安管理处罚，应当公开、公正，尊重和保障人权，保护公民的人格尊严。

办理治安案件应当坚持教育与处罚相结合

的原则,充分释法说理,教育公民、法人或者其他组织自觉守法。

第七条 国务院公安部门负责全国的治安管理工作。县级以上地方各级人民政府公安机关负责本行政区域内的治安管理工作。

治安案件的管辖由国务院公安部门规定。

第八条 违反治安管理行为对他人造成损害的,除依照本法给予治安管理处罚外,行为人或者其监护人还应当依法承担民事责任。

违反治安管理行为构成犯罪,应当依法追究刑事责任的,不得以治安管理处罚代替刑事处罚。

第九条 对于因民间纠纷引起的打架斗殴或者损毁他人财物等违反治安管理行为,情节较轻的,公安机关可以调解处理。

调解处理治安案件,应当查明事实,并遵循合法、公正、自愿、及时的原则,注重教育和疏导,促进化解矛盾纠纷。

经公安机关调解,当事人达成协议的,不

予处罚。经调解未达成协议或者达成协议后不履行的,公安机关应当依照本法的规定对违反治安管理行为作出处理,并告知当事人可以就民事争议依法向人民法院提起民事诉讼。

对属于第一款规定的调解范围的治安案件,公安机关作出处理决定前,当事人自行和解或者经人民调解委员会调解达成协议并履行,书面申请经公安机关认可的,不予处罚。

第二章 处罚的种类和适用

第十条 治安管理处罚的种类分为:

(一)警告;

(二)罚款;

(三)行政拘留;

(四)吊销公安机关发放的许可证件。

对违反治安管理的外国人,可以附加适用限期出境或者驱逐出境。

第十一条 办理治安案件所查获的毒品、

淫秽物品等违禁品，赌具、赌资，吸食、注射毒品的用具以及直接用于实施违反治安管理行为的本人所有的工具，应当收缴，按照规定处理。

违反治安管理所得的财物，追缴退还被侵害人；没有被侵害人的，登记造册，公开拍卖或者按照国家有关规定处理，所得款项上缴国库。

第十二条 已满十四周岁不满十八周岁的人违反治安管理的，从轻或者减轻处罚；不满十四周岁的人违反治安管理的，不予处罚，但是应当责令其监护人严加管教。

第十三条 精神病人、智力残疾人在不能辨认或者不能控制自己行为的时候违反治安管理的，不予处罚，但是应当责令其监护人加强看护管理和治疗。间歇性的精神病人在精神正常的时候违反治安管理的，应当给予处罚。尚未完全丧失辨认或者控制自己行为能力的精神病人、智力残疾人违反治安管理的，应当给予处罚，但是可以从轻或者减轻处罚。

第十四条 盲人或者又聋又哑的人违反治安管理的，可以从轻、减轻或者不予处罚。

第十五条 醉酒的人违反治安管理的，应当给予处罚。

醉酒的人在醉酒状态中，对本人有危险或者对他人的人身、财产或者公共安全有威胁的，应当对其采取保护性措施约束至酒醒。

第十六条 有两种以上违反治安管理行为的，分别决定，合并执行处罚。行政拘留处罚合并执行的，最长不超过二十日。

第十七条 共同违反治安管理的，根据行为人在违反治安管理行为中所起的作用，分别处罚。

教唆、胁迫、诱骗他人违反治安管理的，按照其教唆、胁迫、诱骗的行为处罚。

第十八条 单位违反治安管理的，对其直接负责的主管人员和其他直接责任人员依照本法的规定处罚。其他法律、行政法规对同一行为规定给予单位处罚的,依照其规定处罚。

第十九条 为了免受正在进行的不法侵害而采取的制止行为,造成损害的,不属于违反治安管理行为,不受处罚;制止行为明显超过必要限度,造成较大损害的,依法给予处罚,但是应当减轻处罚;情节较轻的,不予处罚。

第二十条 违反治安管理有下列情形之一的,从轻、减轻或者不予处罚:

(一)情节轻微的;

(二)主动消除或者减轻违法后果的;

(三)取得被侵害人谅解的;

(四)出于他人胁迫或者诱骗的;

(五)主动投案,向公安机关如实陈述自己的违法行为的;

(六)有立功表现的。

第二十一条 违反治安管理行为人自愿向公安机关如实陈述自己的违法行为,承认违法事实,愿意接受处罚的,可以依法从宽处理。

第二十二条 违反治安管理有下列情形之

一的，从重处罚：

（一）有较严重后果的；

（二）教唆、胁迫、诱骗他人违反治安管理的；

（三）对报案人、控告人、举报人、证人打击报复的；

（四）一年以内曾受过治安管理处罚的。

第二十三条 违反治安管理行为人有下列情形之一，依照本法应当给予行政拘留处罚的，不执行行政拘留处罚：

（一）已满十四周岁不满十六周岁的；

（二）已满十六周岁不满十八周岁，初次违反治安管理的；

（三）七十周岁以上的；

（四）怀孕或者哺乳自己不满一周岁婴儿的。

前款第一项、第二项、第三项规定的行为人违反治安管理情节严重、影响恶劣的，或者第一项、第三项规定的行为人在一年以内二次以上违反治安管理的，不受前款规定的限制。

第二十四条　对依照本法第十二条规定不予处罚或者依照本法第二十三条规定不执行行政拘留处罚的未成年人，公安机关依照《中华人民共和国预防未成年人犯罪法》的规定采取相应矫治教育等措施。

第二十五条　违反治安管理行为在六个月以内没有被公安机关发现的，不再处罚。

前款规定的期限，从违反治安管理行为发生之日起计算；违反治安管理行为有连续或者继续状态的，从行为终了之日起计算。

第三章　违反治安管理的行为和处罚

第一节　扰乱公共秩序的行为和处罚

第二十六条　有下列行为之一的，处警告或者五百元以下罚款；情节较重的，处五日以上十日以下拘留，可以并处一千元以下罚款：

（一）扰乱机关、团体、企业、事业单位

秩序，致使工作、生产、营业、医疗、教学、科研不能正常进行，尚未造成严重损失的；

（二）扰乱车站、港口、码头、机场、商场、公园、展览馆或者其他公共场所秩序的；

（三）扰乱公共汽车、电车、城市轨道交通车辆、火车、船舶、航空器或者其他公共交通工具上的秩序的；

（四）非法拦截或者强登、扒乘机动车、船舶、航空器以及其他交通工具，影响交通工具正常行驶的；

（五）破坏依法进行的选举秩序的。

聚众实施前款行为的，对首要分子处十日以上十五日以下拘留，可以并处二千元以下罚款。

第二十七条 在法律、行政法规规定的国家考试中，有下列行为之一，扰乱考试秩序的，处违法所得一倍以上五倍以下罚款，没有违法所得或者违法所得不足一千元的，处一千元以上三千元以下罚款；情节较重的，处五日以上十五日以下拘留：

（一）组织作弊的；

（二）为他人组织作弊提供作弊器材或者其他帮助的；

（三）为实施考试作弊行为，向他人非法出售、提供考试试题、答案的；

（四）代替他人或者让他人代替自己参加考试的。

第二十八条 有下列行为之一，扰乱体育、文化等大型群众性活动秩序的，处警告或者五百元以下罚款；情节严重的，处五日以上十日以下拘留，可以并处一千元以下罚款：

（一）强行进入场内的；

（二）违反规定，在场内燃放烟花爆竹或者其他物品的；

（三）展示侮辱性标语、条幅等物品的；

（四）围攻裁判员、运动员或者其他工作人员的；

（五）向场内投掷杂物，不听制止的；

（六）扰乱大型群众性活动秩序的其他行为。

因扰乱体育比赛、文艺演出活动秩序被处以拘留处罚的，可以同时责令其六个月至一年以内不得进入体育场馆、演出场馆观看同类比赛、演出；违反规定进入体育场馆、演出场馆的，强行带离现场，可以处五日以下拘留或者一千元以下罚款。

第二十九条 有下列行为之一的，处五日以上十日以下拘留，可以并处一千元以下罚款；情节较轻的，处五日以下拘留或者一千元以下罚款：

（一）故意散布谣言，谎报险情、疫情、灾情、警情或者以其他方法故意扰乱公共秩序的；

（二）投放虚假的爆炸性、毒害性、放射性、腐蚀性物质或者传染病病原体等危险物质扰乱公共秩序的；

（三）扬言实施放火、爆炸、投放危险物

质等危害公共安全犯罪行为扰乱公共秩序的。

第三十条 有下列行为之一的,处五日以上十日以下拘留或者一千元以下罚款;情节较重的,处十日以上十五日以下拘留,可以并处二千元以下罚款:

(一)结伙斗殴或者随意殴打他人的;

(二)追逐、拦截他人的;

(三)强拿硬要或者任意损毁、占用公私财物的;

(四)其他无故侵扰他人、扰乱社会秩序的寻衅滋事行为。

第三十一条 有下列行为之一的,处十日以上十五日以下拘留,可以并处二千元以下罚款;情节较轻的,处五日以上十日以下拘留,可以并处一千元以下罚款:

(一)组织、教唆、胁迫、诱骗、煽动他人从事邪教活动、会道门活动、非法的宗教活动或者利用邪教组织、会道门、迷信活动,扰乱社会秩序、损害他人身体健康的;

（二）冒用宗教、气功名义进行扰乱社会秩序、损害他人身体健康活动的；

（三）制作、传播宣扬邪教、会道门内容的物品、信息、资料的。

第三十二条　违反国家规定，有下列行为之一的，处五日以上十日以下拘留；情节严重的，处十日以上十五日以下拘留：

（一）故意干扰无线电业务正常进行的；

（二）对正常运行的无线电台（站）产生有害干扰，经有关主管部门指出后，拒不采取有效措施消除的；

（三）未经批准设置无线电广播电台、通信基站等无线电台（站）的，或者非法使用、占用无线电频率，从事违法活动的。

第三十三条　有下列行为之一，造成危害的，处五日以下拘留；情节较重的，处五日以上十五日以下拘留：

（一）违反国家规定，侵入计算机信息系统或者采用其他技术手段，获取计算机信息系统中存储、处理或者传输的数据，或者对计算机信息系统实施非法控制的；

（二）违反国家规定，对计算机信息系统功能进行删除、修改、增加、干扰的；

（三）违反国家规定，对计算机信息系统中存储、处理、传输的数据和应用程序进行删除、修改、增加的；

（四）故意制作、传播计算机病毒等破坏性程序的；

（五）提供专门用于侵入、非法控制计算机信息系统的程序、工具，或者明知他人实施侵入、非法控制计算机信息系统的违法犯罪行为而为其提供程序、工具的。

第三十四条　组织、领导传销活动的，处十日以上十五日以下拘留；情节较轻的，处五日以上十日以下拘留。

胁迫、诱骗他人参加传销活动的，处五日以上十日以下拘留；情节较重的，处十日以上十五日以下拘留。

第三十五条 有下列行为之一的,处五日以上十日以下拘留或者一千元以上三千元以下罚款;情节较重的,处十日以上十五日以下拘留,可以并处五千元以下罚款:

(一)在国家举行庆祝、纪念、缅怀、公祭等重要活动的场所及周边管控区域,故意从事与活动主题和氛围相违背的行为,不听劝阻,造成不良社会影响的;

(二)在英雄烈士纪念设施保护范围内从事有损纪念英雄烈士环境和氛围的活动,不听劝阻的,或者侵占、破坏、污损英雄烈士纪念设施的;

(三)以侮辱、诽谤或者其他方式侵害英雄烈士的姓名、肖像、名誉、荣誉,损害社会公共利益的;

(四)亵渎、否定英雄烈士事迹和精神,或者制作、传播、散布宣扬、美化侵略战争、侵略行为的言论或者图片、音视频等物品,扰乱公共秩序的;

（五）在公共场所或者强制他人在公共场所穿着、佩戴宣扬、美化侵略战争、侵略行为的服饰、标志，不听劝阻，造成不良社会影响的。

第二节 妨害公共安全的行为和处罚

第三十六条 违反国家规定，制造、买卖、储存、运输、邮寄、携带、使用、提供、处置爆炸性、毒害性、放射性、腐蚀性物质或者传染病病原体等危险物质的，处十日以上十五日以下拘留；情节较轻的，处五日以上十日以下拘留。

第三十七条 爆炸性、毒害性、放射性、腐蚀性物质或者传染病病原体等危险物质被盗、被抢或者丢失，未按规定报告的，处五日以下拘留；故意隐瞒不报的，处五日以上十日以下拘留。

第三十八条 非法携带枪支、弹药或者弩、匕首等国家规定的管制器具的，处五日以下拘留,可以并处一千元以下罚款;情节较轻的,处警告或者五百元以下罚款。

非法携带枪支、弹药或者弩、匕首等国家规定的管制器具进入公共场所或者公共交通工具的,处五日以上十日以下拘留,可以并处一千元以下罚款。

第三十九条 有下列行为之一的,处十日以上十五日以下拘留;情节较轻的,处五日以下拘留:

(一)盗窃、损毁油气管道设施、电力电信设施、广播电视设施、水利工程设施、公共供水设施、公路及附属设施或者水文监测、测量、气象测报、生态环境监测、地质监测、地震监测等公共设施,危及公共安全的;

(二)移动、损毁国家边境的界碑、界桩以及其他边境标志、边境设施或者领土、领海基点标志设施的;

(三)非法进行影响国(边)界线走向的活动或者修建有碍国(边)境管理的设施的。

第四十条 盗窃、损坏、擅自移动使用中的航空设施，或者强行进入航空器驾驶舱的，处十日以上十五日以下拘留。

在使用中的航空器上使用可能影响导航系统正常功能的器具、工具，不听劝阻的，处五日以下拘留或者一千元以下罚款。

盗窃、损坏、擅自移动使用中的其他公共交通工具设施、设备，或者以抢控驾驶操纵装置、拉扯、殴打驾驶人员等方式，干扰公共交通工具正常行驶的，处五日以下拘留或者一千元以下罚款；情节较重的，处五日以上十日以下拘留。

第四十一条 有下列行为之一的，处五日以上十日以下拘留，可以并处一千元以下罚款；情节较轻的，处五日以下拘留或者一千元以下罚款：

（一）盗窃、损毁、擅自移动铁路、城市轨道交通设施、设备、机车车辆配件或者安全标志的；

（二）在铁路、城市轨道交通线路上放置障碍物，或者故意向列车投掷物品的；

（三）在铁路、城市轨道交通线路、桥梁、隧道、涵洞处挖掘坑穴、采石取沙的；

（四）在铁路、城市轨道交通线路上私设道口或者平交过道的。

第四十二条 擅自进入铁路、城市轨道交通防护网或者火车、城市轨道交通列车来临时在铁路、城市轨道交通线路上行走坐卧，抢越铁路、城市轨道，影响行车安全的，处警告或者五百元以下罚款。

第四十三条 有下列行为之一的，处五日以下拘留或者一千元以下罚款；情节严重的，处十日以上十五日以下拘留，可以并处一千元以下罚款：

（一）未经批准，安装、使用电网的，或者安装、使用电网不符合安全规定的；

（二）在车辆、行人通行的地方施工，对沟井坎穴不设覆盖物、防围和警示标志的，或者故

意损毁、移动覆盖物、防围和警示标志的;

(三)盗窃、损毁路面井盖、照明等公共设施的;

(四)违反有关法律法规规定,升放携带明火的升空物体,有发生火灾事故危险,不听劝阻的;

(五)从建筑物或者其他高空抛掷物品,有危害他人人身安全、公私财产安全或者公共安全危险的。

第四十四条 举办体育、文化等大型群众性活动,违反有关规定,有发生安全事故危险,经公安机关责令改正而拒不改正或者无法改正的,责令停止活动,立即疏散;对其直接负责的主管人员和其他直接责任人员处五日以上十日以下拘留,并处一千元以上三千元以下罚款;情节较重的,处十日以上十五日以下拘留,并处三千元以上五千元以下罚款,可以同时责令六个月至一年以内不得举办大型群众性活动。

第四十五条 旅馆、饭店、影剧院、娱乐

场、体育场馆、展览馆或者其他供社会公众活动的场所违反安全规定，致使该场所有发生安全事故危险，经公安机关责令改正而拒不改正的，对其直接负责的主管人员和其他直接责任人员处五日以下拘留；情节较重的，处五日以上十日以下拘留。

第四十六条 违反有关法律法规关于飞行空域管理规定，飞行民用无人驾驶航空器、航空运动器材，或者升放无人驾驶自由气球、系留气球等升空物体，情节较重的，处五日以上十日以下拘留。

飞行、升放前款规定的物体非法穿越国（边）境的，处十日以上十五日以下拘留。

第三节 侵犯人身权利、财产权利的行为和处罚

第四十七条 有下列行为之一的，处十日以上十五日以下拘留，并处一千元以上二千元以下罚款；情节较轻的，处五日以上十日以下

拘留，并处一千元以下罚款：

（一）组织、胁迫、诱骗不满十六周岁的人或者残疾人进行恐怖、残忍表演的；

（二）以暴力、威胁或者其他手段强迫他人劳动的；

（三）非法限制他人人身自由、非法侵入他人住宅或者非法搜查他人身体的。

第四十八条 组织、胁迫未成年人在不适宜未成年人活动的经营场所从事陪酒、陪唱等有偿陪侍活动的，处十日以上十五日以下拘留，并处五千元以下罚款；情节较轻的，处五日以下拘留或者五千元以下罚款。

第四十九条 胁迫、诱骗或者利用他人乞讨的，处十日以上十五日以下拘留，可以并处二千元以下罚款。

反复纠缠、强行讨要或者以其他滋扰他人的方式乞讨的，处五日以下拘留或者警告。

第五十条 有下列行为之一的，处五日以下拘留或者一千元以下罚款；情节较重的，处

五日以上十日以下拘留,可以并处一千元以下罚款:

(一)写恐吓信或者以其他方法威胁他人人身安全的;

(二)公然侮辱他人或者捏造事实诽谤他人的;

(三)捏造事实诬告陷害他人,企图使他人受到刑事追究或者受到治安管理处罚的;

(四)对证人及其近亲属进行威胁、侮辱、殴打或者打击报复的;

(五)多次发送淫秽、侮辱、恐吓等信息或者采取滋扰、纠缠、跟踪等方法,干扰他人正常生活的;

(六)偷窥、偷拍、窃听、散布他人隐私的。

有前款第五项规定的滋扰、纠缠、跟踪行为的,除依照前款规定给予处罚外,经公安机关负责人批准,可以责令其一定期限内禁止接触被侵害人。对违反禁止接触规定的,处五日以上十日以下拘留,可以并处一千元以下罚款。

第五十一条 殴打他人的,或者故意伤害他人身体的,处五日以上十日以下拘留,并处五百元以上一千元以下罚款;情节较轻的,处五日以下拘留或者一千元以下罚款。

有下列情形之一的,处十日以上十五日以下拘留,并处一千元以上二千元以下罚款:

(一)结伙殴打、伤害他人的;

(二)殴打、伤害残疾人、孕妇、不满十四周岁的人或者七十周岁以上的人的;

(三)多次殴打、伤害他人或者一次殴打、伤害多人的。

第五十二条 猥亵他人的,处五日以上十日以下拘留;猥亵精神病人、智力残疾人、不满十四周岁的人或者有其他严重情节的,处十日以上十五日以下拘留。

在公共场所故意裸露身体隐私部位的,处警告或者五百元以下罚款;情节恶劣的,处五日以上十日以下拘留。

第五十三条 有下列行为之一的,处五日

以下拘留或者警告;情节较重的,处五日以上十日以下拘留,可以并处一千元以下罚款:

(一)虐待家庭成员,被虐待人或者其监护人要求处理的;

(二)对未成年人、老年人、患病的人、残疾人等负有监护、看护职责的人虐待被监护、看护的人的;

(三)遗弃没有独立生活能力的被扶养人的。

第五十四条 强买强卖商品,强迫他人提供服务或者强迫他人接受服务的,处五日以上十日以下拘留,并处三千元以上五千元以下罚款;情节较轻的,处五日以下拘留或者一千元以下罚款。

第五十五条 煽动民族仇恨、民族歧视,或者在出版物、信息网络中刊载民族歧视、侮辱内容的,处十日以上十五日以下拘留,可以并处三千元以下罚款;情节较轻的,处五日以下拘留或者三千元以下罚款。

第五十六条 违反国家有关规定,向他人出售或者提供个人信息的,处十日以上十五日以下拘留;情节较轻的,处五日以下拘留。

窃取或者以其他方法非法获取个人信息的,依照前款的规定处罚。

第五十七条 冒领、隐匿、毁弃、倒卖、私自开拆或者非法检查他人邮件、快件的,处警告或者一千元以下罚款;情节较重的,处五日以上十日以下拘留。

第五十八条 盗窃、诈骗、哄抢、抢夺或者敲诈勒索的,处五日以上十日以下拘留或者二千元以下罚款;情节较重的,处十日以上十五日以下拘留,可以并处三千元以下罚款。

第五十九条 故意损毁公私财物的,处五日以下拘留或者一千元以下罚款;情节较重的,处五日以上十日以下拘留,可以并处三千元以下罚款。

第六十条 以殴打、侮辱、恐吓等方式实施学生欺凌,违反治安管理的,公安机关应当依照本法、《中华人民共和国预防未成年人犯罪法》的规定,给予治安管理处罚、采取相应矫治教育等措施。

学校违反有关法律法规规定,明知发生严重的学生欺凌或者明知发生其他侵害未成年学生的犯罪,不按规定报告或者处置的,责令改正,对其直接负责的主管人员和其他直接责任人员,建议有关部门依法予以处分。

第四节 妨害社会管理的行为和处罚

第六十一条 有下列行为之一的,处警告或者五百元以下罚款;情节严重的,处五日以上十日以下拘留,可以并处一千元以下罚款:

(一)拒不执行人民政府在紧急状态情况下依法发布的决定、命令的;

(二)阻碍国家机关工作人员依法执行职务的;

(三)阻碍执行紧急任务的消防车、救护车、工程抢险车、警车或者执行上述紧急任务

的专用船舶通行的;

(四)强行冲闯公安机关设置的警戒带、警戒区或者检查点的。

阻碍人民警察依法执行职务的,从重处罚。

第六十二条 冒充国家机关工作人员招摇撞骗的,处十日以上十五日以下拘留,可以并处一千元以下罚款;情节较轻的,处五日以上十日以下拘留。

冒充军警人员招摇撞骗的,从重处罚。

盗用、冒用个人、组织的身份、名义或者以其他虚假身份招摇撞骗的,处五日以下拘留或者一千元以下罚款;情节较重的,处五日以上十日以下拘留,可以并处一千元以下罚款。

第六十三条 有下列行为之一的,处十日以上十五日以下拘留,可以并处五千元以下罚款;情节较轻的,处五日以上十日以下拘留,可以并处三千元以下罚款:

(一)伪造、变造或者买卖国家机关、人

民团体、企业、事业单位或者其他组织的公文、证件、证明文件、印章的；

（二）出租、出借国家机关、人民团体、企业、事业单位或者其他组织的公文、证件、证明文件、印章供他人非法使用的；

（三）买卖或者使用伪造、变造的国家机关、人民团体、企业、事业单位或者其他组织的公文、证件、证明文件、印章的；

（四）伪造、变造或者倒卖车票、船票、航空客票、文艺演出票、体育比赛入场券或者其他有价票证、凭证的；

（五）伪造、变造船舶户牌，买卖或者使用伪造、变造的船舶户牌，或者涂改船舶发动机号码的。

第六十四条　船舶擅自进入、停靠国家禁止、限制进入的水域或者岛屿的，对船舶负责人及有关责任人员处一千元以上二千元以下罚款；情节严重的，处五日以下拘留，可以并处二千元以下罚款。

第六十五条 有下列行为之一的,处十日以上十五日以下拘留,可以并处五千元以下罚款;情节较轻的,处五日以上十日以下拘留或者一千元以上三千元以下罚款:

(一)违反国家规定,未经注册登记,以社会团体、基金会、社会服务机构等社会组织名义进行活动,被取缔后,仍进行活动的;

(二)被依法撤销登记或者吊销登记证书的社会团体、基金会、社会服务机构等社会组织,仍以原社会组织名义进行活动的;

(三)未经许可,擅自经营按照国家规定需要由公安机关许可的行业的。

有前款第三项行为的,予以取缔。被取缔一年以内又实施的,处十日以上十五日以下拘留,并处三千元以上五千元以下罚款。

取得公安机关许可的经营者,违反国家有关管理规定,情节严重的,公安机关可以吊销许可证件。

第六十六条 煽动、策划非法集会、游行、示威，不听劝阻的，处十日以上十五日以下拘留。

第六十七条 从事旅馆业经营活动不按规定登记住宿人员姓名、有效身份证件种类和号码等信息的，或者为身份不明、拒绝登记身份信息的人提供住宿服务的，对其直接负责的主管人员和其他直接责任人员处五百元以上一千元以下罚款；情节较轻的，处警告或者五百元以下罚款。

实施前款行为，妨害反恐怖主义工作进行，违反《中华人民共和国反恐怖主义法》规定的，依照其规定处罚。

从事旅馆业经营活动有下列行为之一的，对其直接负责的主管人员和其他直接责任人员处一千元以上三千元以下罚款；情节严重的，处五日以下拘留，可以并处三千元以上五千元以下罚款：

（一）明知住宿人员违反规定将危险物质带入住宿区域，不予制止的；

(二)明知住宿人员是犯罪嫌疑人员或者被公安机关通缉的人员,不向公安机关报告的;

(三)明知住宿人员利用旅馆实施犯罪活动,不向公安机关报告的。

第六十八条 房屋出租人将房屋出租给身份不明、拒绝登记身份信息的人的,或者不按规定登记承租人姓名、有效身份证件种类和号码等信息的,处五百元以上一千元以下罚款;情节较轻的,处警告或者五百元以下罚款。

房屋出租人明知承租人利用出租房屋实施犯罪活动,不向公安机关报告的,处一千元以上三千元以下罚款;情节严重的,处五日以下拘留,可以并处三千元以上五千元以下罚款。

第六十九条 娱乐场所和公章刻制、机动车修理、报废机动车回收行业经营者违反法律法规关于要求登记信息的规定,不登记信息的,处警告;拒不改正或者造成后果的,对其直接负责的主管人员和其他直接责任人员处五日以下拘留或者三千元以下罚款。

第七十条 非法安装、使用、提供窃听、窃照专用器材的,处五日以下拘留或者一千元以上三千元以下罚款;情节较重的,处五日以上十日以下拘留,并处三千元以上五千元以下罚款。

第七十一条 有下列行为之一的,处一千元以上三千元以下罚款;情节严重的,处五日以上十日以下拘留,并处一千元以上三千元以下罚款:

(一)典当业工作人员承接典当的物品,不查验有关证明、不履行登记手续的,或者违反国家规定对明知是违法犯罪嫌疑人、赃物而不向公安机关报告的;

(二)违反国家规定,收购铁路、油田、供电、电信、矿山、水利、测量和城市公用设施等废旧专用器材的;

(三)收购公安机关通报寻查的赃物或者有赃物嫌疑的物品的;

（四）收购国家禁止收购的其他物品的。

第七十二条 有下列行为之一的，处五日以上十日以下拘留，可以并处一千元以下罚款；情节较轻的，处警告或者一千元以下罚款：

（一）隐藏、转移、变卖、擅自使用或者损毁行政执法机关依法扣押、查封、冻结、扣留、先行登记保存的财物的；

（二）伪造、隐匿、毁灭证据或者提供虚假证言、谎报案情，影响行政执法机关依法办案的；

（三）明知是赃物而窝藏、转移或者代为销售的；

（四）被依法执行管制、剥夺政治权利或者在缓刑、暂予监外执行中的罪犯或者被依法采取刑事强制措施的人，有违反法律、行政法规或者国务院有关部门的监督管理规定的行为的。

第七十三条 有下列行为之一的，处警告或者一千元以下罚款；情节较重的，处五日以上十日以下拘留，可以并处一千元以下罚款：

（一）违反人民法院刑事判决中的禁止令或者职业禁止决定的；

（二）拒不执行公安机关依照《中华人民共和国反家庭暴力法》、《中华人民共和国妇女权益保障法》出具的禁止家庭暴力告诫书、禁止性骚扰告诫书的；

（三）违反监察机关在监察工作中、司法机关在刑事诉讼中依法采取的禁止接触证人、鉴定人、被害人及其近亲属保护措施的。

第七十四条　依法被关押的违法行为人脱逃的，处十日以上十五日以下拘留；情节较轻的，处五日以上十日以下拘留。

第七十五条　有下列行为之一的，处警告或者五百元以下罚款；情节较重的，处五日以上十日以下拘留，并处五百元以上一千元以下罚款：

（一）刻划、涂污或者以其他方式故意损坏国家保护的文物、名胜古迹的；

(二)违反国家规定,在文物保护单位附近进行爆破、钻探、挖掘等活动,危及文物安全的。

第七十六条　有下列行为之一的,处一千元以上二千元以下罚款;情节严重的,处十日以上十五日以下拘留,可以并处二千元以下罚款:

(一)偷开他人机动车的;

(二)未取得驾驶证驾驶或者偷开他人航空器、机动船舶的。

第七十七条　有下列行为之一的,处五日以上十日以下拘留;情节严重的,处十日以上十五日以下拘留,可以并处二千元以下罚款:

(一)故意破坏、污损他人坟墓或者毁坏、丢弃他人尸骨、骨灰的;

(二)在公共场所停放尸体或者因停放尸体影响他人正常生活、工作秩序,不听劝阻的。

第七十八条　卖淫、嫖娼的,处十日以上十五日以下拘留,可以并处五千元以下罚款;

情节较轻的，处五日以下拘留或者一千元以下罚款。

在公共场所拉客招嫖的，处五日以下拘留或者一千元以下罚款。

第七十九条 引诱、容留、介绍他人卖淫的，处十日以上十五日以下拘留，可以并处五千元以下罚款；情节较轻的，处五日以下拘留或者一千元以上二千元以下罚款。

第八十条 制作、运输、复制、出售、出租淫秽的书刊、图片、影片、音像制品等淫秽物品或者利用信息网络、电话以及其他通讯工具传播淫秽信息的，处十日以上十五日以下拘留，可以并处五千元以下罚款；情节较轻的，处五日以下拘留或者一千元以上三千元以下罚款。

前款规定的淫秽物品或者淫秽信息中涉及未成年人的，从重处罚。

第八十一条 有下列行为之一的，处十日以上十五日以下拘留，并处一千元以上二千元以下罚款：

（一）组织播放淫秽音像的；

（二）组织或者进行淫秽表演的；

（三）参与聚众淫乱活动的。

明知他人从事前款活动，为其提供条件的，依照前款的规定处罚。

组织未成年人从事第一款活动的，从重处罚。

第八十二条 以营利为目的，为赌博提供条件的，或者参与赌博赌资较大的，处五日以下拘留或者一千元以下罚款；情节严重的，处十日以上十五日以下拘留，并处一千元以上五千元以下罚款。

第八十三条 有下列行为之一的，处十日以上十五日以下拘留，可以并处五千元以下罚款；情节较轻的，处五日以下拘留或者一千元以下罚款：

（一）非法种植罂粟不满五百株或者其他少量毒品原植物的；

（二）非法买卖、运输、携带、持有少量未经灭活的罂粟等毒品原植物种子或者幼苗的；

（三）非法运输、买卖、储存、使用少量罂粟壳的。

有前款第一项行为，在成熟前自行铲除的，不予处罚。

第八十四条 有下列行为之一的，处十日以上十五日以下拘留，可以并处三千元以下罚款；情节较轻的，处五日以下拘留或者一千元以下罚款：

（一）非法持有鸦片不满二百克、海洛因或者甲基苯丙胺不满十克或者其他少量毒品的；

（二）向他人提供毒品的；

（三）吸食、注射毒品的；

（四）胁迫、欺骗医务人员开具麻醉药品、精神药品的。

聚众、组织吸食、注射毒品的，对首要分

子、组织者依照前款的规定从重处罚。

吸食、注射毒品的,可以同时责令其六个月至一年以内不得进入娱乐场所、不得擅自接触涉及毒品违法犯罪人员。违反规定的,处五日以下拘留或者一千元以下罚款。

第八十五条 引诱、教唆、欺骗或者强迫他人吸食、注射毒品的,处十日以上十五日以下拘留,并处一千元以上五千元以下罚款。

容留他人吸食、注射毒品或者介绍买卖毒品的,处十日以上十五日以下拘留,可以并处三千元以下罚款;情节较轻的,处五日以下拘留或者一千元以下罚款。

第八十六条 违反国家规定,非法生产、经营、购买、运输用于制造毒品的原料、配剂的,处十日以上十五日以下拘留;情节较轻的,处五日以上十日以下拘留。

第八十七条 旅馆业、饮食服务业、文化娱乐业、出租汽车业等单位的人员,在公安机关查处吸毒、赌博、卖淫、嫖娼活动时,为违法犯罪行为人通风报信的，或者以其他方式为上述活动提供条件的，处十日以上十五日以下拘留；情节较轻的，处五日以下拘留或者一千元以上二千元以下罚款。

第八十八条 违反关于社会生活噪声污染防治的法律法规规定，产生社会生活噪声，经基层群众性自治组织、业主委员会、物业服务人、有关部门依法劝阻、调解和处理未能制止，继续干扰他人正常生活、工作和学习的，处五日以下拘留或者一千元以下罚款；情节严重的，处五日以上十日以下拘留，可以并处一千元以下罚款。

第八十九条 饲养动物，干扰他人正常生活的，处警告；警告后不改正的，或者放任动物恐吓他人的，处一千元以下罚款。

违反有关法律、法规、规章规定，出售、饲养烈性犬等危险动物的，处警告；警告后不改正的，或者致使动物伤害他人的，处五日以下拘留或者一千元以下罚款；情节较重的，处五日以上十日以下拘留。

未对动物采取安全措施,致使动物伤害他人的,处一千元以下罚款;情节较重的,处五日以上十日以下拘留。

驱使动物伤害他人的,依照本法第五十一条的规定处罚。

第四章　处罚程序

第一节　调　　查

第九十条　公安机关对报案、控告、举报或者违反治安管理行为人主动投案,以及其他国家机关移送的违反治安管理案件,应当立即立案并进行调查;认为不属于违反治安管理行为的,应当告知报案人、控告人、举报人、投案人,并说明理由。

第九十一条　公安机关及其人民警察对治安案件的调查,应当依法进行。严禁刑讯逼供或者采用威胁、引诱、欺骗等非法手段收集证据。

以非法手段收集的证据不得作为处罚的根据。

第九十二条 公安机关办理治安案件,有权向有关单位和个人收集、调取证据。有关单位和个人应当如实提供证据。

公安机关向有关单位和个人收集、调取证据时,应当告知其必须如实提供证据,以及伪造、隐匿、毁灭证据或者提供虚假证言应当承担的法律责任。

第九十三条 在办理刑事案件过程中以及其他执法办案机关在移送案件前依法收集的物证、书证、视听资料、电子数据等证据材料,可以作为治安案件的证据使用。

第九十四条 公安机关及其人民警察在办理治安案件时,对涉及的国家秘密、商业秘密、个人隐私或者个人信息,应当予以保密。

第九十五条 人民警察在办理治安案件过

程中，遇有下列情形之一的，应当回避；违反治安管理行为人、被侵害人或者其法定代理人也有权要求他们回避：

（一）是本案当事人或者当事人的近亲属的；

（二）本人或者其近亲属与本案有利害关系的；

（三）与本案当事人有其他关系，可能影响案件公正处理的。

人民警察的回避，由其所属的公安机关决定；公安机关负责人的回避，由上一级公安机关决定。

第九十六条 需要传唤违反治安管理行为人接受调查的，经公安机关办案部门负责人批准，使用传唤证传唤。对现场发现的违反治安管理行为人，人民警察经出示人民警察证，可以口头传唤，但应当在询问笔录中注明。

公安机关应当将传唤的原因和依据告知被传唤人。对无正当理由不接受传唤或者逃避传唤的人，经公安机关办案部门负责人批准，可以强制传唤。

第九十七条 对违反治安管理行为人，公安机关传唤后应当及时询问查证，询问查证的时间不得超过八小时；涉案人数众多、违反治安管理行为人身份不明的，询问查证的时间不得超过十二小时；情况复杂，依照本法规定可能适用行政拘留处罚的，询问查证的时间不得超过二十四小时。在执法办案场所询问违反治安管理行为人，应当全程同步录音录像。

公安机关应当及时将传唤的原因和处所通知被传唤人家属。

询问查证期间，公安机关应当保证违反治安管理行为人的饮食、必要的休息时间等正当需求。

第九十八条 询问笔录应当交被询问人核对；对没有阅读能力的，应当向其宣读。记载有遗漏或者差错的，被询问人可以提出补充或者更正。被询问人确认笔录无误后，应当签名、盖章或者按指印,询问的人民警察也应当在笔录上签名。

被询问人要求就被询问事项自行提供书面材料的,应当准许;必要时,人民警察也可以要求被询问人自行书写。

询问不满十八周岁的违反治安管理行为人,应当通知其父母或者其他监护人到场;其父母或者其他监护人不能到场的,也可以通知其他成年亲属,所在学校、单位、居住地基层组织或者未成年人保护组织的代表等合适成年人到场,并将有关情况记录在案。确实无法通知或者通知后未到场的,应当在笔录中注明。

第九十九条 人民警察询问被侵害人或者其他证人,可以在现场进行,也可以到其所在单位、住处或者其提出的地点进行;必要时,也可以通知其到公安机关提供证言。

人民警察在公安机关以外询问被侵害人或者其他证人,应当出示人民警察证。

询问被侵害人或者其他证人,同时适用本

法第九十八条的规定。

第一百条 违反治安管理行为人、被侵害人或者其他证人在异地的,公安机关可以委托异地公安机关代为询问,也可以通过公安机关的视频系统远程询问。

通过远程视频方式询问的,应当向被询问人宣读询问笔录,被询问人确认笔录无误后,询问的人民警察应当在笔录上注明。询问和宣读过程应当全程同步录音录像。

第一百零一条 询问聋哑的违反治安管理行为人、被侵害人或者其他证人,应当有通晓手语等交流方式的人提供帮助,并在笔录上注明。

询问不通晓当地通用的语言文字的违反治安管理行为人、被侵害人或者其他证人,应当配备翻译人员,并在笔录上注明。

第一百零二条 为了查明案件事实,确定违反治安管理行为人、被侵害人的某些特征、伤害情况或者生理状态,需要对其人身进行检查,提取或者采集肖像、指纹信息和血液、尿液等生物样本的，经公安机关办案部门负责人批准后进行。对已经提取、采集的信息或者样本，不得重复提取、采集。提取或者采集被侵害人的信息或者样本，应当征得被侵害人或者其监护人同意。

第一百零三条 公安机关对与违反治安管理行为有关的场所或者违反治安管理行为人的人身、物品可以进行检查。检查时，人民警察不得少于二人，并应当出示人民警察证。

对场所进行检查的，经县级以上人民政府公安机关负责人批准，使用检查证检查；对确有必要立即进行检查的，人民警察经出示人民警察证，可以当场检查，并应当全程同步录音录像。检查公民住所应当出示县级以上人民政府公安机关开具的检查证。

检查妇女的身体，应当由女性工作人员或者医师进行。

第一百零四条 检查的情况应当制作检查笔录，由检查人、被检查人和见证人签名、盖章或者按指印；被检查人不在场或者被检查人、见证人拒绝签名的，人民警察应当在笔录上注明。

第一百零五条 公安机关办理治安案件，对与案件有关的需要作为证据的物品，可以扣押；对被侵害人或者善意第三人合法占有的财产，不得扣押，应当予以登记，但是对其中与案件有关的必须鉴定的物品，可以扣押，鉴定后应当立即解除。对与案件无关的物品，不得扣押。

对扣押的物品，应当会同在场见证人和被扣押物品持有人查点清楚，当场开列清单一式二份，由调查人员、见证人和持有人签名或者盖章，一份交给持有人，另一份附卷备查。

实施扣押前应当报经公安机关负责人批准；因情况紧急或者物品价值不大，当场实施扣押的，人民警察应当及时向其所属公安机关负责人报告，并补办批准手续。公安机关负责人认为不应当扣押的，应当立即解除。当场实施扣押的,应当全程同步录音录像。

对扣押的物品,应当妥善保管,不得挪作他用;对不宜长期保存的物品,按照有关规定处理。经查明与案件无关或者经核实属于被侵害人或者他人合法财产的,应当登记后立即退还;满六个月无人对该财产主张权利或者无法查清权利人的,应当公开拍卖或者按照国家有关规定处理,所得款项上缴国库。

第一百零六条 为了查明案情,需要解决案件中有争议的专门性问题的,应当指派或者聘请具有专门知识的人员进行鉴定;鉴定人鉴定后,应当写出鉴定意见,并且签名。

第一百零七条 为了查明案情,人民警察可以让违反治安管理行为人、被侵害人和其他证人对与违反治安管理行为有关的场所、物品进行辨认,也可以让被侵害人、其他证人对违反治安管理行为人进行辨认,或者让违反治安管理行为人对其他违反治安管理行为人进行辨认。

辨认应当制作辨认笔录，由人民警察和辨认人签名、盖章或者按指印。

第一百零八条 公安机关进行询问、辨认、勘验，实施行政强制措施等调查取证工作时，人民警察不得少于二人。

公安机关在规范设置、严格管理的执法办案场所进行询问、扣押、辨认的，或者进行调解的，可以由一名人民警察进行。

依照前款规定由一名人民警察进行询问、扣押、辨认、调解的，应当全程同步录音录像。未按规定全程同步录音录像或者录音录像资料损毁、丢失的，相关证据不能作为处罚的根据。

第二节 决 定

第一百零九条 治安管理处罚由县级以上地方人民政府公安机关决定；其中警告、一千元以下的罚款，可以由公安派出所决定。

第一百一十条 对决定给予行政拘留处罚

的人，在处罚前已经采取强制措施限制人身自由的时间，应当折抵。限制人身自由一日，折抵行政拘留一日。

第一百一十一条 公安机关查处治安案件，对没有本人陈述，但其他证据能够证明案件事实的，可以作出治安管理处罚决定。但是，只有本人陈述，没有其他证据证明的，不能作出治安管理处罚决定。

第一百一十二条 公安机关作出治安管理处罚决定前，应当告知违反治安管理行为人拟作出治安管理处罚的内容及事实、理由、依据，并告知违反治安管理行为人依法享有的权利。

违反治安管理行为人有权陈述和申辩。公安机关必须充分听取违反治安管理行为人的意见，对违反治安管理行为人提出的事实、理由和证据，应当进行复核；违反治安管理行为人提出的事实、理由或者证据成立的，公安机关应当采纳。

违反治安管理行为人不满十八周岁的,还应当依照前两款的规定告知未成年人的父母或者其他监护人,充分听取其意见。

公安机关不得因违反治安管理行为人的陈述、申辩而加重其处罚。

第一百一十三条 治安案件调查结束后,公安机关应当根据不同情况,分别作出以下处理:

(一)确有依法应当给予治安管理处罚的违法行为的,根据情节轻重及具体情况,作出处罚决定;

(二)依法不予处罚的,或者违法事实不能成立的,作出不予处罚决定;

(三)违法行为已涉嫌犯罪的,移送有关主管机关依法追究刑事责任;

(四)发现违反治安管理行为人有其他违法行为的,在对违反治安管理行为作出处罚决定的同时,通知或者移送有关主管机关处理。

对情节复杂或者重大违法行为给予治安管

理处罚,公安机关负责人应当集体讨论决定。

第一百一十四条 有下列情形之一的,在公安机关作出治安管理处罚决定之前,应当由从事治安管理处罚决定法制审核的人员进行法制审核;未经法制审核或者审核未通过的,不得作出决定:

(一)涉及重大公共利益的;

(二)直接关系当事人或者第三人重大权益,经过听证程序的;

(三)案件情况疑难复杂、涉及多个法律关系的。

公安机关中初次从事治安管理处罚决定法制审核的人员,应当通过国家统一法律职业资格考试取得法律职业资格。

第一百一十五条 公安机关作出治安管理处罚决定的,应当制作治安管理处罚决定书。决定书应当载明下列内容:

(一)被处罚人的姓名、性别、年龄、身份证件的名称和号码、住址;

(二) 违法事实和证据；

(三) 处罚的种类和依据；

(四) 处罚的执行方式和期限；

(五) 对处罚决定不服，申请行政复议、提起行政诉讼的途径和期限；

(六) 作出处罚决定的公安机关的名称和作出决定的日期。

决定书应当由作出处罚决定的公安机关加盖印章。

第一百一十六条 公安机关应当向被处罚人宣告治安管理处罚决定书，并当场交付被处罚人；无法当场向被处罚人宣告的，应当在二日以内送达被处罚人。决定给予行政拘留处罚的，应当及时通知被处罚人的家属。

有被侵害人的，公安机关应当将决定书送达被侵害人。

第一百一十七条 公安机关作出吊销许可证件、处四千元以上罚款的治安管理处罚决定或者采取责令停业整顿措施前，应当告知违反治安管理行为人有权要求举行听证；违反治安管理行为人要求听证的，公安机关应当及时依法举行听证。

对依照本法第二十三条第二款规定可能执行行政拘留的未成年人，公安机关应当告知未成年人和其监护人有权要求举行听证；未成年人和其监护人要求听证的，公安机关应当及时依法举行听证。对未成年人案件的听证不公开举行。

前两款规定以外的案情复杂或者具有重大社会影响的案件，违反治安管理行为人要求听证，公安机关认为必要的，应当及时依法举行听证。

公安机关不得因违反治安管理行为人要求听证而加重其处罚。

第一百一十八条 公安机关办理治安案件的期限，自立案之日起不得超过三十日；案情重大、复杂的，经上一级公安机关批准，可以延长三十日。期限延长以二次为限。公安派出所办理的案件需要延长期限的,由所属公安机关批准。

为了查明案情进行鉴定的期间、听证的期间,不计入办理治安案件的期限。

第一百一十九条 违反治安管理行为事实清楚,证据确凿,处警告或者五百元以下罚款的,可以当场作出治安管理处罚决定。

第一百二十条 当场作出治安管理处罚决定的,人民警察应当向违反治安管理行为人出示人民警察证,并填写处罚决定书。处罚决定书应当当场交付被处罚人;有被侵害人的,并应当将决定书送达被侵害人。

前款规定的处罚决定书,应当载明被处罚人的姓名、违法行为、处罚依据、罚款数额、时间、地点以及公安机关名称,并由经办的人民警察签名或者盖章。

适用当场处罚,被处罚人对拟作出治安管理处罚的内容及事实、理由、依据没有异议的,可以由一名人民警察作出治安管理处罚决定,并应当全程同步录音录像。

当场作出治安管理处罚决定的,经办的人民警察应当在二十四小时以内报所属公安机关备案。

第一百二十一条 被处罚人、被侵害人对公安机关依照本法规定作出的治安管理处罚决定,作出的收缴、追缴决定,或者采取的有关限制性、禁止性措施等不服的,可以依法申请行政复议或者提起行政诉讼。

第三节 执 行

第一百二十二条 对被决定给予行政拘留处罚的人,由作出决定的公安机关送拘留所执行;执行期满,拘留所应当按时解除拘留,发给解除拘留证明书。

被决定给予行政拘留处罚的人在异地被抓获或者有其他有必要在异地拘留所执行情形的,经异地拘留所主管公安机关批准,可以在异地执行。

第一百二十三条 受到罚款处罚的人应当自收到处罚决定书之日起十五日以内,到指定的银行或者通过电子支付系统缴纳罚款。但是,有下列情形之一的,人民警察可以当场收缴罚款:

(一)被处二百元以下罚款,被处罚人对罚款无异议的;

(二)在边远、水上、交通不便地区,旅客列车上或者口岸,公安机关及其人民警察依照本法的规定作出罚款决定后,被处罚人到指定的银行或者通过电子支付系统缴纳罚款确有困难,经被处罚人提出的;

(三)被处罚人在当地没有固定住所,不当场收缴事后难以执行的。

第一百二十四条 人民警察当场收缴的罚款,应当自收缴罚款之日起二日以内,交至所属的公安机关;在水上、旅客列车上当场收缴的罚款,应当自抵岸或者到站之日起二日以内,交至所属的公安机关;公安机关应当自收到罚款之日起二日以内将罚款缴付指定的银行。

第一百二十五条 人民警察当场收缴罚款的,应当向被处罚人出具省级以上人民政府财政部门统一制发的专用票据;不出具统一制发的专用票据的,被处罚人有权拒绝缴纳罚款。

第一百二十六条 被处罚人不服行政拘留处罚决定,申请行政复议、提起行政诉讼的,遇有参加升学考试、子女出生或者近亲属病危、死亡等情形的,可以向公安机关提出暂缓执行行政拘留的申请。公安机关认为暂缓执行行政拘留不致发生社会危险的,由被处罚人或者其近亲属提出符合本法第一百二十七条规定条件的担保人,或者按每日行政拘留二百元的标准交纳保证金,行政拘留的处罚决定暂缓执行。

正在被执行行政拘留处罚的人遇有参加升学考试、子女出生或者近亲属病危、死亡等情形,被拘留人或者其近亲属申请出所的,由公安机关依照前款规定执行。被拘留人出所的时间不计入拘留期限。

第一百二十七条 担保人应当符合下列条件：

（一）与本案无牵连；

（二）享有政治权利，人身自由未受到限制；

（三）在当地有常住户口和固定住所；

（四）有能力履行担保义务。

第一百二十八条 担保人应当保证被担保人不逃避行政拘留处罚的执行。

担保人不履行担保义务，致使被担保人逃避行政拘留处罚的执行的，处三千元以下罚款。

第一百二十九条 被决定给予行政拘留处罚的人交纳保证金，暂缓行政拘留或者出所后，逃避行政拘留处罚的执行的，保证金予以没收并上缴国库，已经作出的行政拘留决定仍应执行。

第一百三十条 行政拘留的处罚决定被撤

销，行政拘留处罚开始执行，或者出所后继续执行的，公安机关收取的保证金应当及时退还交纳人。

第五章 执法监督

第一百三十一条 公安机关及其人民警察应当依法、公正、严格、高效办理治安案件，文明执法，不得徇私舞弊、玩忽职守、滥用职权。

第一百三十二条 公安机关及其人民警察办理治安案件，禁止对违反治安管理行为人打骂、虐待或者侮辱。

第一百三十三条 公安机关及其人民警察办理治安案件，应当自觉接受社会和公民的监督。

公安机关及其人民警察办理治安案件，不严格执法或者有违法违纪行为的，任何单位和个人都有权向公安机关或者人民检察院、监察机关检举、控告；收到检举、控告的机关，应当依据职责及时处理。

第一百三十四条 公安机关作出治安管理处罚决定，发现被处罚人是公职人员，依照《中华人民共和国公职人员政务处分法》的规定需要给予政务处分的，应当依照有关规定及时通报监察机关等有关单位。

第一百三十五条 公安机关依法实施罚款处罚，应当依照有关法律、行政法规的规定，实行罚款决定与罚款收缴分离；收缴的罚款应当全部上缴国库，不得返还、变相返还，不得与经费保障挂钩。

第一百三十六条 违反治安管理的记录应当予以封存，不得向任何单位和个人提供或者公开，但有关国家机关为办案需要或者有关单位根据国家规定进行查询的除外。依法进行查询的单位，应当对被封存的违法记录的情况予以保密。

第一百三十七条 公安机关应当履行同步

录音录像运行安全管理职责，完善技术措施，定期维护设施设备，保障录音录像设备运行连续、稳定、安全。

第一百三十八条　公安机关及其人民警察不得将在办理治安案件过程中获得的个人信息，依法提取、采集的相关信息、样本用于与治安管理、查处犯罪无关的用途，不得出售、提供给其他单位或者个人。

第一百三十九条　人民警察办理治安案件，有下列行为之一的，依法给予处分；构成犯罪的，依法追究刑事责任：

（一）刑讯逼供、体罚、打骂、虐待、侮辱他人的；

（二）超过询问查证的时间限制人身自由的；

（三）不执行罚款决定与罚款收缴分离制度或者不按规定将罚没的财物上缴国库或者依法处理的；

（四）私分、侵占、挪用、故意损毁所收

缴、追缴、扣押的财物的；

（五）违反规定使用或者不及时返还被侵害人财物的；

（六）违反规定不及时退还保证金的；

（七）利用职务上的便利收受他人财物或者谋取其他利益的；

（八）当场收缴罚款不出具专用票据或者不如实填写罚款数额的；

（九）接到要求制止违反治安管理行为的报警后，不及时出警的；

（十）在查处违反治安管理活动时，为违法犯罪行为人通风报信的；

（十一）泄露办理治安案件过程中的工作秘密或者其他依法应当保密的信息的；

（十二）将在办理治安案件过程中获得的个人信息，依法提取、采集的相关信息、样本用于与治安管理、查处犯罪无关的用途，或者出售、提供给其他单位或者个人的；

（十三）剪接、删改、损毁、丢失办理治

安案件的同步录音录像资料的；

（十四）有徇私舞弊、玩忽职守、滥用职权，不依法履行法定职责的其他情形的。

办理治安案件的公安机关有前款所列行为的，对负有责任的领导人员和直接责任人员，依法给予处分。

第一百四十条　公安机关及其人民警察违法行使职权，侵犯公民、法人和其他组织合法权益的，应当赔礼道歉；造成损害的，应当依法承担赔偿责任。

第六章　附　　则

第一百四十一条　其他法律中规定由公安机关给予行政拘留处罚的，其处罚程序适用本法规定。

公安机关依照《中华人民共和国枪支管理法》、《民用爆炸物品安全管理条例》等直接关系公共安全和社会治安秩序的法律、行政法规实施处罚的,其处罚程序适用本法规定。

本法第三十二条、第三十四条、第四十六条、第五十六条规定给予行政拘留处罚,其他法律、行政法规同时规定给予罚款、没收违法所得、没收非法财物等其他行政处罚的行为,由相关主管部门依照相应规定处罚;需要给予行政拘留处罚的,由公安机关依照本法规定处理。

第一百四十二条 海警机构履行海上治安管理职责,行使本法规定的公安机关的职权,但是法律另有规定的除外。

第一百四十三条 本法所称以上、以下、以内,包括本数。

第一百四十四条 本法自2026年1月1日起施行。

图书在版编目（CIP）数据

治安管理处罚法学习百问百答／中国法治出版社编．北京：中国法治出版社，2025.7. --（法律法规学习百问百答系列）. -- ISBN 978-7-5216-5114-0

Ⅰ. D922.145

中国国家版本馆 CIP 数据核字第 20259WU814 号

责任编辑：秦智贤	封面设计：杨鑫宇

治安管理处罚法学习百问百答
ZHI'AN GUANLI CHUFAFA XUEXI BAIWEN BAIDA

经销／新华书店
印刷／保定市中画美凯印刷有限公司
开本／880 毫米×1230 毫米　64 开　　印张／2.75　字数／64 千
版次／2025 年 7 月第 1 版　　　　　　2025 年 7 月第 1 次印刷

中国法治出版社出版
书号 ISBN 978-7-5216-5114-0　　　　　　　　　　定价：12.00 元

北京市西城区西便门西里甲 16 号西便门办公区
邮政编码：100053　　　　　　　　传真：010-63141600
网址：http：//www.zgfzs.com　　编辑部电话：010-63141798
市场营销部电话：010-63141612　　印务部电话：**010-63141606**

（如有印装质量问题，请与本社印务部联系。）

ISBN 978-7-5216-5114-0

定价：12.00元